お弁当にも
おつまみにもなる
作りおき

吉田 愛

もくじ

はじめに

大学卒業後に飛び込んだ料理の世界。見習い時代は早朝から店に行き、夜遅くまで働く日々でした。帰宅後はもうクタクタで、簡単なものさえ作れないほど疲労困憊。でも、そんなときに作りおきのおかずは、ちょうどよい晩酌のお供になってくれました。疲れきった体に大好きな日本酒とおいしいおつまみはいつも以上に深くしみて、過去の自分に「ありがとう!」と強く感謝したものです。

今は今で、お弁当を作らねばならないときも、作りおきのおかずがあれば、まったく問題ありません。忙しい中でも、作りおきのおかげで私は自分の大切な時間を持ち続けることができているのです。

傷みにくくするためにしっかりとした味つけであること。冷たい状態で食べても満足感があること。そしてなにより簡単でおいしいこと。作りおきのおかずの条件といえば、この3点でしょう。そしてそれはお弁当のおかずとも、おつまみとも共通するところがあります。作っておけば「1人3役」で活躍してくれるのです。

4

くれる作りおきは、もはや今日の食生活には欠かせない存在だといえます。

本書では、普段のおかずとして使えるのはもちろんのこと、特にお弁当やおつまみに転用しやすい作りおきを紹介しています。具体的にはできるだけ汁けが少なく、はっきりした味のおかずです。子どもから大人まで、さまざまな方においしいと感じてもらえるようなレシピをそろえました。お弁当の作例や、お酒との組み合わせ方も提案していますので、ぜひ参考にしてください。

作りおきは、必ずやあなたの生活を楽にしてくれます。そしておいしい作りおきのおかずは、せわしない日々の中でも、食べることの喜びや楽しさを、実感させてくれることでしょう。

この本がどうかあなたの豊かな日々の一助となれますように。

吉田 愛

〈この本の決まり〉

●材料は基本的に作りやすい分量ですが、レシピによって異なります。お弁当のおかずやおつまみとしていただく場合の2人分×3回分が目安量です。

●野菜などの分量は皮や種などを含んだものです。正味のものは、正味と記載しています。また、洗う、皮をむくなどの基本的な下準備を済ませてからの手順となっています。

●塩は天然塩、しょうゆは濃口しょうゆ、みそは米みそ、みりんは本みりん、酒は日本酒、酢は米酢、砂糖は上白糖、こしょうは特に記載のない場合は白こしょう、だし汁は昆布と削り節でとったものを使用しています。

●レモンはポストハーベスト農薬不使用のものを使ってください。

●電子レンジは600Wのものを使用しています。

●大さじ1は15㎖、小さじ1は5㎖、ひとつまみは指3本、少々は指2本でつまんだくらいの量です。

〈作りおきについて〉

●各レシピに記載した消費期限はあくまでも目安です。冷蔵庫の環境や気候、食材の鮮度などによって状態が変わるため、消費期限内であってもいただくときに見かけやにおいなどをよく確認してください。

●保存容器は中性洗剤で洗い、水けをよく拭いて、清潔で乾いたものを使用しましょう。さらに食品対応の除菌用アルコールスプレーをふきかけるとベターです。

●保存するときは、調理後、保存容器に移し、必ず冷ましてからふたをし、冷蔵室に入れます。揚げものは、容器の底にペーパータオルを敷いておくのがおすすめです。

●冷凍保存できるおかずは、冷ましてから冷凍用ジッパーつき保存袋に入れ、空気を抜いて口を閉じ、冷凍室に移してください。

●加熱調理したおかずをいただくときは、好みで電子レンジなどで再加熱してください。揚げものはオーブントースターで温めるのがおすすめです。

〈お弁当について〉

●ご飯は温かいものを弁当箱に詰め、そのまま冷まします。加熱調理したおかずは、電子レンジなどで再加熱し、手早く冷ましてから弁当箱に詰めてください。汁けのあるピクルスやお浸しなどは、ペーパータオルにのせて汁けをよくきってから詰めましょう。カップや仕切りを使うのもおすすめです。

●おかずやご飯が動かないよう、すき間なく、きっちりと詰めるように心がけてください。雑菌の繁殖が高まる梅雨や夏は、保冷剤といっしょに保冷バッグに入れて持ち運ぶと安心です。

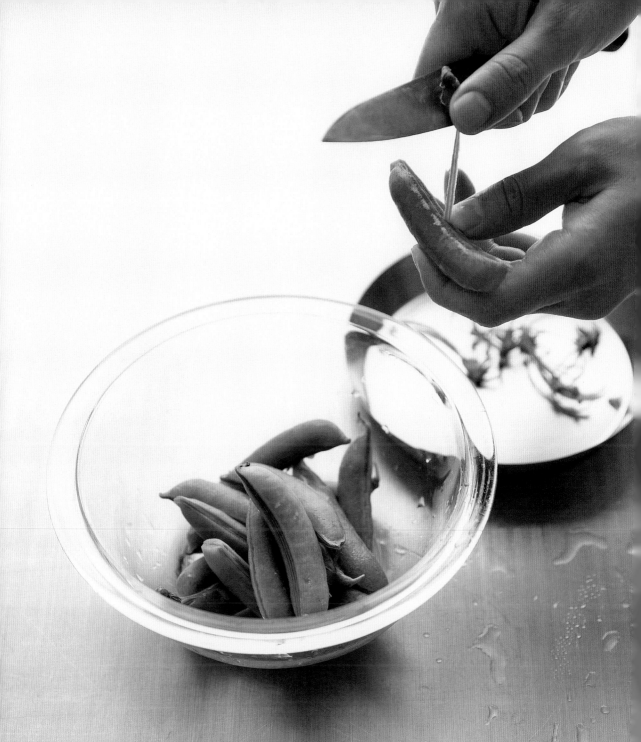

春

春キャベツと豚しゃぶの
ねぎだれあえ

春キャベツの
粒マスタードマリネ

春キャベツの粒マスタードマリネ　消費期限 約3日

春キャベツをもりもり食べられる副菜。水けをしっかり絞ると、味がよくなじみます。

材料と下準備（作りやすい分量）

春キャベツ…1/3個（300g）
▶長さ5〜6cm、幅1cmに切る。耐熱ボウルに入れ、ふんわりとラップをして電子レンジで3分ほど加熱し、粗熱がとれたら水けをよく絞り、ボウルに戻す

A
┌ 粒マスタード…大さじ1と1/2
│ オリーブオイル…大さじ1
│ 酢…小さじ1
│ 塩…ひとつまみ
└ こしょう…少々

1 キャベツのボウルにAを加え、混ぜる。

Note

・作りたては味がしっかりしていますが、2〜3日たつと落ち着いてきます。ものたりなさを感じる場合は塩少々で調えてください。

春キャベツと豚しゃぶの
ねぎだれあえ 消費期限 約3日

主菜にも副菜にもなるおかず。好みでレモンを搾っても美味。

材料と下準備（作りやすい分量）

春キャベツ…1/3個（300g）
▶3cm四方に切る

豚ロース薄切り肉（しゃぶしゃぶ用）…200g

A ┌ 長ねぎ（みじん切り）…1/2本分
  │ ごま油…大さじ2
  │ しょうゆ…大さじ1/2
  │ 塩…小さじ1/2
  └ 粗びき黒こしょう…適量

▶大きめの耐熱ボウルに入れ、ふんわりとラップをして電子レンジで1分ほど加熱する

1 鍋にたっぷりの湯を強めの中火で沸かし、キャベツを1分ほどゆでる。しんなりとしたらざるに取り出し、粗熱がとれたら水けをよく絞る。

2 続けて1の湯を弱火にし、豚肉を1枚ずつ広げてゆでる。色が変わったら別のざるに取り出し、粗熱がとれたら食べやすい大きさにちぎる。

3 Aのボウルにキャベツと豚肉を加え、混ぜる。

Note

・時間がたっても味がぼやけないよう、キャベツの水けはよく絞ってください。
・冷凍保存もできます。その場合の賞味期限は約1か月を目安にしてください。

春キャベツとささみの和風ナムル

春キャベツとささみの和風ナムル 消費期限 約3日

しょうがと三つ葉を効かせた和風ナムル。さっぱりとしたあと味です。

材料と下準備（作りやすい分量）

春キャベツ…1/3個（300g）
▶長さ5〜6cm、幅5mmに切る。耐熱ボウルに入れ、ふんわりとラップをして電子レンジで3分ほど加熱し、粗熱がとれたら水けをよく絞り、ボウルに戻す

鶏ささみ…3本（150g）
▶筋を取り、耐熱皿にのせて塩少々をふり、酒大さじ1/2を回しかける。ふんわりとラップをして電子レンジで3分ほど加熱し、粗熱がとれたら食べやすい大きさに裂く

三つ葉…1/2束
▶長さ3cmに切る

A ┌ いりごま（白）…大さじ1
  │ しょうが（すりおろし）…1かけ分
  │ ごま油…大さじ1と1/2
  └ 塩…小さじ1/2

1 キャベツのボウルにささみ、三つ葉、Aを加え、混ぜる。

Note

・三つ葉を加えなければ冷凍保存もできます。その場合の賞味期限は約1か月を目安にしてください。

新じゃがの梅おかかあえ

消費期限 約3日

新じゃがいもならではの、みずみずしく、
しゃきしゃきとした食感を活かしました。

材料と下準備（作りやすい分量）

新じゃがいも…大2個（300g）
▶スライサー（または包丁）でせん切りにし、たっぷりの水に
さっとさらして水けをきる

梅干し（塩分8%）…2個（30g）
▶種を取り、包丁で果肉をたたく

A ┌ 削り節…小1袋（5g）
　├ ごま油…大さじ1
　└ 塩…少々

1 鍋にたっぷりの湯を強めの中火で沸かし、じゃ
　がいもを入れてさっと混ぜ、1分ほどゆでる。冷
　水に取って冷まし、水けをよく絞る。
2 ボウルにじゃがいも、梅干し、Aを入れ、混ぜる。

Note
・食感を均一にしたいので皮はむいてください。さっとゆでて
しゃきしゃき感を楽しみます。
・使用する梅干しの塩分に合わせ、塩の量で味を調節してく
ださい。

新じゃがのみそ煮っころがし

消費期限 約3日

みそで作る煮っころがしには、こっくりとした甘さがあり、
ほっとするおいしさ。お弁当にぴったりです。

材料と下準備（作りやすい分量）

新じゃがいも…小10〜12個（500g）
▶皮つきのまま半分に切り、たっぷりの水にさっとさらして水
けをきる

ごま油…大さじ1

A ┌ 水…150mℓ
　├ 砂糖…大さじ1
　└ みりん…大さじ1/2

みそ…大さじ2と1/2

1 鍋にごま油を中火で熱し、じゃがいもを2分ほど
　炒め、Aを加える。煮立ったらふたをし、弱火
　で12〜15分煮る。
2 じゃがいもに火が通ったらふたを取り、みそを溶
　き入れる。中火にして、煮汁にとろみがつくま
　で、ときどき静かに混ぜながら全体に煮からめる。

Note
・普通のじゃがいもで作る場合はひと口大に切り、加熱時間
は様子を見て調節してください。ただし、煮崩れしやすいの
で加熱しすぎないように気をつけましょう。

新じゃがと豚肉の
オイスター炒め 消費期限 約3日

春野菜で作る青椒肉絲風の主菜です。
食感が豊かで、満足感ある仕上がりに。

材料と下準備（作りやすい分量）

新じゃがいも…大1個（150g）
▶皮つきのまま5mm角の棒状に切り、たっぷりの水にさっとさらして水けをきる

豚ロース薄切り肉…250g
▶長さ1cmに切り、酒・片栗粉各小さじ2、塩・こしょう各少々をもみ込む

グリーンアスパラガス…3〜4本
▶根元を1cmほど落とし、ピーラーで根元から1/3ほどのところまで皮を薄くむき、幅1cmの斜め切りにする

にんにく…1かけ
▶みじん切りにする

ごま油…大さじ1/2+大さじ1/2

A
酒…大さじ1
オイスターソース…大さじ1
こしょう…適量

Note

・じゃがいもは少し食感が残るくらいがおいしいです。

・仕上げにしょうゆ少々をたすとご飯がすすむ濃いめの味つけになります。

1 フライパンにごま油大さじ1/2を中火で熱し、豚肉をほぐしながら3分ほど炒め、焼き色がついたら取り出す。

2 1のフライパンにごま油大さじ1/2とにんにくを入れて中火で熱し、香りが立ったらじゃがいもとアスパラガスを加えて3分ほど炒める。豚肉を戻し入れてさっと炒め合わせ、Aを加えてからめる。

ひらひらキャロットラペ 消費期限 3～4日

帯状にすることで食べごたえを出しました。
レーズンなどを加えてもおいしいです。

材料と下準備(作りやすい分量)

春にんじん…2本(300g)
▶ピーラーで縦に細長い薄切りにし、塩小さじ
1/2をふってもみ、10分ほどおいて水けをよく
絞る

A ┌ オリーブオイル…大さじ2
　├ 白ワインビネガー(または酢)…大さじ1
　└ 砂糖…小さじ2

塩、こしょう…各少々

1 ボウルにAを入れて混ぜ、にんじんを加えてあえ、塩、こしょうで味を調える。

Note
・レーズンのほか、刻んだドライいちじく、くるみ、ツナ、いちょう切りにしたレモンなどを加えても美味。
・普通のにんじんでも同様に作れます。

春にんじんのタイ風なます 消費期限 3～4日

気温が上がるこの季節にぴったりの味!
お弁当にはもちろん、白ワインのおつまみにも最適です。

材料と下準備(作りやすい分量)

春にんじん…2本(300g)
▶スライサー(または包丁)でせん切りにし、塩小さじ1/4をふってもみ、10分ほどおいて水けをよく絞る

ピーナッツ(無塩・ロースト済み)…大さじ2
▶粗く刻む

香菜(好みで)…適量
▶みじん切りにする

A ┌ 赤唐辛子(小口切り)…1/2～1本分
　├ レモン果汁…大さじ1と1/2
　├ 砂糖…大さじ1と1/2
　└ ナンプラー…大さじ1

1 ボウルにAを入れて混ぜ、にんじんを加えてあえ、さらにピーナッツと香菜を加えてさっと混ぜる。

Note
・ハムやサラダチキンなどといっしょにバゲットにはさみ、ベトナムのバインミー風にアレンジして、お弁当にするのもおすすめ。
・普通のにんじんでも同様に作れます。

ひらひら
キャロットラペ

春にんじんのタイ風なます

新玉ねぎ、桜えび、そら豆のかき揚げ

消費期限 約2日

翌日もおいしくいただけるよう、
崩れにくいかための衣にしています。
食感と風味が楽しいかき揚げです。

材料と下準備（作りやすい分量）

新玉ねぎ…1/2個
▶1.5cm四方に切る

桜えび…大さじ2

そら豆（さやから出したもの）
　　…12粒（50g）
▶薄皮をむく

小麦粉…50g

冷水…50ml

サラダ油…適量

塩…適量

1　ボウルに玉ねぎ、桜えび、そら豆、小麦粉を入れて混ぜる。冷水を加え、粉っぽさが残る程度にざっくりと混ぜる。

2　フライパンにサラダ油を深さ1cmほど入れて中火で熱し、スプーンで1をすくって入れ（10〜12等分が目安）、3分ほど揚げ焼きにする。上下を返し、カラリとするまで2〜3分揚げ焼きにする。

3　いただくときに塩をふる。

Note

・1で混ぜすぎないよう注意。材料がまとまる程度にざっくりと混ぜ合わせます。

・保存するときは、ペーパータオルを敷いた保存容器に立てるように入れてください。

・冷凍保存もできます。その場合の賞味期限は約1か月を目安にしてください。

14

新玉ねぎとローリエの
フライパンロースト 消費期限 約3日

ローリエの香りが新玉ねぎのおいしさを引き出します。
生のタイムやローズマリーでもおいしく作れます。

材料と下準備(作りやすい分量)

新玉ねぎ…2個
▶根元をつけたまま8等分のくし形切りにする

ローリエ…2枚
オリーブオイル…大さじ1
塩…小さじ1/4〜1/3
粗びき黒こしょう…適量

1 フライパンにオリーブオイルを弱めの中火で
　　熱し、玉ねぎの切り口を下にして並べ、ロー
　　リエを半分にちぎりながら散らす。ふたを
　　少しずらしてのせ、5分ほど蒸し焼きにし、
　　上下を返して同様に5分ほど蒸し焼きにする。
2 玉ねぎの両面に焼き色がつき、しんなりとし
　　たらふたを取り、塩、粗びき黒こしょうをふる。

Note
・玉ねぎの上下を返したあとは焼き色が
つきやすいため、様子を見て、焦がさ
ないように火加減の調節をしてください。
・普通の玉ねぎで作る場合は、様子を
見ながら少し長めに蒸し焼きにします。
・冷凍保存もできます。その場合の賞
味期限は約1か月を目安にしてください。

ツナマヨごぼう 消費期限 約3日

ごぼうの食感と風味を存分に味わえます。
子どもでも食べやすい味です。

材料と下準備(作りやすい分量)

春ごぼう…2本(200g)
▶厚さ1cmの輪切りにし、たっぷりの水にさっとさらして水けをきる

ツナ缶(油漬け)…1缶(70g)
▶缶汁をきる

A ┌ 水…大さじ3
  └ 塩…小さじ1/4

マヨネーズ…大さじ1と1/2〜2
粗びき黒こしょう…適量

1 フライパンにAを入れて混ぜ、ごぼうを加えてふたをし、中火で熱して5分ほど蒸し煮にする。

2 ごぼうがやわらかくなったらふたを取り、残った水分を飛ばす。ツナとマヨネーズを加えてさっと炒め合わせ、粗びき黒こしょうをふる。

Note
・普通のごぼうでも同様に作れます。
・冷凍保存もできます。その場合の賞味期限は約1か月を目安にしてください。

Note
・普通のごぼうでも同様に作れます。好みでAに赤唐辛子(小口切り)1/2〜1本分を加えても。
・冷凍保存もできます。その場合の賞味期限は約1か月を目安にしてください。

春ごぼうと豚肉の炒り煮 [消費期限] 約3日

甘じょっぱい味つけの王道おかず。
しょうがを多めに入れてさわやかに仕上げています。

材料と下準備（作りやすい分量）

春ごぼう…2本（200g）
▶斜め薄切りにし、たっぷりの
水にさっとさらして水けをきる

豚こま切れ肉…300g
しょうが…2かけ
▶せん切りにする

いりごま（白）…大さじ1/2
サラダ油…大さじ1

A ┌ 酒…大さじ2
  │ しょうゆ…大さじ2
  │ みりん…大さじ2
  └ 砂糖…大さじ1/2

1 フライパンにサラダ油を中火で熱
  し、ごぼうを1分ほど炒め、豚肉
  を加えて炒め合わせる。
2 豚肉の色が変わったら、しょうがと
  Aを加え、強めの中火にして、と
  きどき混ぜながら汁けがなくなるま
  で煮からめる。いりごまを加え、
  さっと混ぜる。

たけのこと鶏肉の
バター照り焼き

消費期限　約3日

冷めてもおいしいメインのおかず。
バターとの相性もよい
鶏もも肉を組み合わせました。

材料と下準備（作りやすい分量）

たけのこ（ゆでたもの）…1本（正味200g）
▶根元と穂先に切り分け、根元は厚さ1cmのいちょう切り、
穂先は食べやすい大きさのくし形切りにする

鶏もも肉…2枚（500g）
▶余分な脂肪と筋を除き、ひと口大に切る

サラダ油…大さじ1/2

A ┌ 酒…大さじ2
　├ しょうゆ…大さじ2
　├ みりん…大さじ2
　├ 砂糖…大さじ1
　└ バター…10g

1 フライパンにサラダ油を中火で熱
し、鶏肉の皮目を下にして入れ、
4〜5分焼く。焼き色がついたら上
下を返してさらに2分ほど焼き、た
けのこを加えて1分ほど炒め合わ
せる。

2 余分な脂をペーパータオルで拭き
取り、Aを加え、ときどき混ぜなが
ら照りが出るまで4〜5分煮からめ
る。

Note

・冷凍保存もできます。その場合の賞味期
限は約1か月を目安にしてください。

18

たけのこののり塩焼き

消費期限 約3日

青のりと塩でおつまみにもぴったりの一品。
たけのこのおいしさを引き出しています。

材料と下準備（作りやすい分量）

たけのこ（ゆでたもの）…2本（正味400g）
▶小さめの乱切りにする

オリーブオイル…大さじ1
A ┌青のり…小さじ2
  └塩…小さじ1/3

1 フライパンにオリーブオイルを強めの中火で
熱し、たけのこをときどき返しながら焼く。
全体に焼き色がついたらAをふり、からめる。

Note
・オリーブオイルをバターやごま油に替えて風味の違い
を楽しんでも。
・冷凍保存もできます。その場合の賞味期限は約1か
月を目安にしてください。

〈たけのこのゆで方〉
たけのこは市販の水煮でも構いませんが、生のたけのこ
が入手できるときは、自分でゆでたほうがずっとおいしく
作れます。時間がたつとあくが強くなるので、購入したら
早めにゆでましょう。

❶たけのこは皮つきのまま穂先を斜めに切り落とし、縦
に1本切り込みを入れる。
❷大きめの鍋にたけのことかぶるくらいの水を入れ、米
ぬかひとつかみと赤唐辛子1本を加える。落としぶたを
して強火で熱し、煮立ったらふつふつと沸くくらいの火
加減で30分以上ゆでる。竹串を刺し、すっと通るように
なったら火を止め、そのまま冷ます。
❸ぬかを洗い流し、皮をむく。すぐに調理しない場合は、
水に浸して冷蔵保存をする。1日たったら水を替え、約
2日で食べきるようにする。

セロリとちくわのきんぴら 　消費期限 約3日

実はセロリの風味とちくわのうまみは好相性。
どんなシーンでもおいしくいただける万能おかずです。

材料と下準備（作りやすい分量）

セロリの茎…2本分（200g）
▶太い部分は縦半分に切ってから
幅5mmの斜め切りにする

セロリの葉…適量
▶長さ1cmに切る

ちくわ…4本
▶縦半分に切ってから幅5mmの斜め
切りにする

赤唐辛子…1/2〜1本
▶種を取って小口切りにする

ごま油…大さじ1

A ┌ しょうゆ…大さじ1/2
　└ みりん…大さじ1/2

1 フライパンにごま油と赤唐辛子を
　入れて中火で熱し、セロリの茎を
　加えて2分ほど炒める。ちくわを加
　え、さっと炒め合わせる。

2 Aを加えてからめ、セロリの葉を
　加えてさっと混ぜる。

Note

・セロリの葉は最後に加えて香りを活かしま
す。10〜15枚が目安ですが、それ以上加
える場合は塩少々で味を調えてください。
・冷凍保存もできます。その場合の賞味期
限は約1か月を目安にしてください。

スナップえんどうのチーズペッパーあえ 消費期限 約3日

ゆでるだけでもおいしいスナップえんどうですが、
チーズとオイルを合わせるとさらにおいしく!

材料と下準備(作りやすい分量)

スナップえんどう…150g
▶へたと筋を取る

A ┌ 粉チーズ…大さじ1と1/2
  │ オリーブオイル…小さじ1
  │ 塩…少々
  └ 粗びき黒こしょう…適量

1 鍋にたっぷりの湯を強めの中火で
沸かして塩少々(分量外)を入れ、
スナップえんどうを1分30秒ほどゆ
でる。冷水に取って冷まし、ペー
パータオルで水けを拭いて斜め半
分に切る。

2 ボウルにスナップえんどうとAを入
れ、混ぜる。

Note

・スナップえんどうは弁当箱に詰めやす
いよう斜め半分に切っていますが、切ら
なくても問題ありません。
・冷凍保存もできます。その場合の賞
味期限は約1か月を目安にしてください。

新じゃがと豚肉の
オイスター炒め
→P11

エスニック味玉（ゆで卵）
→P87

ご飯

春の簡単のっけ弁当

「新じゃがと豚肉のオイスター炒め」は、レシピにさら
にしょうゆ少々をたして濃いめの味つけにすると、より
お弁当向きになります。味玉で彩りをプラス！

鮭フレークおにぎり

温かいご飯に鮭フレークを混ぜ（ご飯150g
に対し、鮭フレーク大さじ2が目安）、2等分
にして好みの形に握り、焼きのり（全形）を
好みの幅と長さに切って巻く。

新じゃがのみそ煮っころがし
→P10

**好みの
漬けもの**

甘い卵焼き
→P86

**春キャベツと
ささみの和風ナムル**
→P9

春野菜弁当

こっくり味の新じゃがと、さっぱり味の春キャベツでメ
リハリをつけます。おにぎりは好みのものでOK。春の
ピクニックやお花見にもおすすめです。

新玉ねぎ、桜えび、そら豆のかき揚げ →P14

新玉ねぎの甘みに日本酒の甘みを合わせます。かき揚げはシンプルに塩でいただくのがおすすめ。桜えびの風味も春を感じさせてくれます。

新じゃがの梅おかかあえ →P10

さっとゆでて、みずみずしさの残る新じゃがいもには、軽やかな飲み口の日本酒がマッチ。梅干しの酸味がアクセントになり、お酒もすすみます。

日本酒（春のうすにごり）

わずかに「にごり」の残る日本酒で、発泡感を楽しめるものも。華やかな香りがありつつ、やさしい甘みと穏やかな味わいで心地よく飲めます。

白ワイン

西洋料理と合わせることが多い白ワインですが、和風やエスニックの味つけとも好相性。白ワインのみずみずしさと酸味が旬の野菜の味を引き立てます。

春にんじんのタイ風なます →P12

酸味×酸味でさっぱりと。レモンなどの果実の酸味を効かせたさわやかなあえものには、酸味のある白ワインがよく合います。

春キャベツと豚しゃぶのねぎだれあえ →P8

味のベースが長ねぎ＋ごま油なのでレモンを搾ってもおいしいですが、あえてレモンを搾らず、白ワインを合わせて、キリッと味を引き締めていただくのもおすすめ。

24

夏

ミニトマトの
ゆずこしょうマリネ

消費期限 3〜4日

さっと加熱することで甘みが増します。
そこにゆずこしょうの
辛みを加えて大人っぽい味に。

材料と下準備（作りやすい分量）

ミニトマト（赤・黄）…各1パック（各150g）
▶へたを取る

A ┌ オリーブオイル…大さじ1/2
  └ ゆずこしょう…小さじ1
▶混ぜ合わせる

オリーブオイル…大さじ1/2

1 フライパンにオリーブオイルを中火
で熱し、ミニトマトを炒める。皮
が少しめくれてきたら火を止め、
Aを加えてさっと混ぜる。

Note
・ミニトマトは好みの色でOK。

ミニトマトの
レモンシロップ漬け

消費期限 3〜4日

水分が出にくいミニトマトは
作りおきやお弁当に最適。
箸休めにあるとうれしい副菜です。

材料と下準備（作りやすい分量）

ミニトマト…2パック（300g）
▶へたを取り、へたのついていたところ
から深さ1/3ほどのところまで切り込み
を1本入れる

レモン（国産・輪切り）…4〜5枚

A ┌ 水…300mℓ
  └ 砂糖…100g

1 保存容器にミニトマトを入れる。
2 鍋にAを入れて強めの中火で煮
立て、さっと混ぜて火を止め、レ
モンを加えて粗熱をとる。1に注ぎ、
冷めたらふたをして冷蔵室に入れ、
3時間以上漬ける。

Note
・ミニトマトは皮つきのまま漬けるので、お
弁当にもぴったり。切り込みを入れることで
湯むきしなくても味がしみ込みます。

ミニトマトの
ゆずこしょうマリネ

ミニトマトの
レモンシロップ漬け

なすのみそそぼろ 消費期限 約3日

ご飯にのせたり、おにぎりの具にすればお弁当に、
レタスで巻いたり、豆腐にかけたりすればおつまみにぴったり。

材料と下準備（作りやすい分量）

なす…2本
▶1cm角に切る

豚ひき肉…300g
青じそ…8〜10枚
サラダ油…小さじ2

A
┌ 酒…大さじ2
│ みそ…大さじ2
│ 砂糖…大さじ1
└ しょうゆ…小さじ2
▶混ぜ合わせる

1 フライパンにサラダ油を中火で熱し、ひき肉をほぐしながら炒める。色が変わったらなすを加え、2分ほど炒め合わせる。

2 なすがしんなりとしたらAを加えてからめ、火を止める。青じそを細かくちぎりながら加え、さっと混ぜる。

Note

・冷凍保存もできます。その場合の賞味期限は約1か月を目安にしてください。

なすの中華風マリネ

消費期限 約3日

作っておくと安心な夏にぴったりなおかず。
ごま油の香りに食指が動きます。

材料と下準備（作りやすい分量）

なす…3本
▶縦半分に切ってから皮目に細かい切り込みを斜め
に入れ、長さを3等分に切る

サラダ油…大さじ2

A
水…大さじ2
酢…大さじ2
しょうゆ…大さじ1
ごま油…大さじ1
砂糖…小さじ2

▶耐熱ボウルに入れてさっと混ぜ、ラップをせずに
電子レンジで1分30秒ほど加熱する

1 フライパンにサラダ油を中火で熱し、なす
を入れて全体に油をからめ、皮目を下にす
る。ふたをして3分ほど蒸し焼きにし、上下
を返して同様に2～3分蒸し焼きにする。

2 Aのボウルになすを加え、ときどき返しなが
ら冷ます。

Note
・冷凍保存もできます。その場合の賞味期限は約1か
月を目安にしてください。

ズッキーニのピリ辛肉巻き　消費期限 約3日

肉で巻かれたズッキーニはとってもジューシー。
お弁当には長さを半分に切ると詰めやすいです。

材料と下準備（16個分）

ズッキーニ…2本（400g）
▶長さを半分に切り、4つ割りにする

豚ロース薄切り肉…16枚
サラダ油…大さじ1

A
┌ 酒…大さじ2
│ しょうゆ…大さじ2
│ みりん…大さじ2
│ 砂糖…小さじ2
└ 豆板醤…小さじ1/2
▶混ぜ合わせる

1 ズッキーニに豚肉を1枚ずつ斜めに巻きつける。

2 フライパンにサラダ油を中火で熱し、1の巻き終わりを下にして並べ、ときどき転がしながら焼く。

3 豚肉に焼き色がついたら、余分な脂をペーパータオルで拭き取る。Aを加え、とろみがついて照りが出るまで、ときどき転がしながら煮からめる。

ズッキーニのピカタ

淡白なズッキーニに粉チーズとバターのこくをプラス。
冷めてもおいしくいただけます。

材料と下準備(作りやすい分量)

ズッキーニ…1本(200g)
▶厚さ1cmの輪切りにし、塩・こしょう各
少々をふって小麦粉適量を薄くまぶす

A ┌卵…1個
　└粉チーズ…大さじ1
▶混ぜ合わせる

バター…10g
トマトケチャップ(好みで)…適量

1 フライパンにバターを中火で溶かし、ズッキ
　ーニをAにくぐらせて並べる。弱火にして3
　〜4分焼き、焼き色がついたら上下を返し、
　さらに3〜4分焼く。

2 いただくときにトマトケチャップをつける。

Note
・冷凍保存もできます。その場合の賞味期限は約1か
月を目安にしてください。

Note
・豆板醤の量は好みで調節してください。
・冷凍保存もできます。その場合の賞味期
限は約1か月を目安にしてください。

ゴーヤーと厚揚げの
おかか炒め　消費期限 約3日

厚揚げと組み合わせてボリュームアップ。
削り節は最後に加えて風味よく仕上げます。

材料と下準備（作りやすい分量）

ゴーヤー…1本（250g）
▶縦半分に切って種とわたを取り、横に幅3㎜に切る。
塩小さじ1/2をふってもみ、10分ほどおいてさっと洗い、
水けをよく絞る

絹厚揚げ…2枚（300g）
▶半分に切ってから幅1㎝に切る

削り節…小1袋（5g）
ごま油…大さじ1

A ┌ 酒…大さじ1と1/2
　├ しょうゆ…大さじ1と1/2
　└ 砂糖…大さじ1と1/2
▶混ぜ合わせる

1 フライパンにごま油を中火で熱し、ゴーヤ
　ーを1分ほど炒め、厚揚げを加えて炒め合
　わせる。
2 全体に油が回ったらAを加え、汁けがなく
　なるまで煮からめ、削り節を加えてさっと混
　ぜる。

Note
・いただくときに好みで七味唐辛子をふっても。

ゴーヤーの
塩昆布あえ

消費期限 約3日

ゴーヤーは塩もみと下ゆでで
苦みと青くささが減少。
ぱぱっと作れる夏らしい副菜です。

材料と下準備（作りやすい分量）

ゴーヤー…1本（250g）
▶縦半分に切って種とわたを取り、横に幅3㎜に切
る。塩小さじ1/2をふってもみ、10分ほどおく

塩昆布…15g
ごま油…大さじ1

1 鍋にたっぷりの湯を強めの中火で沸かし、
　塩をつけたままのゴーヤーを15秒ほどゆで、
　冷水に取って冷まし、水けをよく絞る。
2 ボウルにゴーヤー、塩昆布、ごま油を入れ、
　混ぜる。

Note
・冷凍保存もできます。その場合の賞味期限は約1か
月を目安にしてください。

ゴーヤーの肉詰め焼き

消費期限 約3日

肉だねにしっかりと味をつけているので、
それ以上の味つけは不要です。

材料と下準備（作りやすい分量）

ゴーヤー…1本（250g）
▶厚さ1cmの輪切りにしてから種とわたを取り、指で穴に小麦粉適量を薄くまぶす

A
- 合いびき肉…150g
- 玉ねぎ（みじん切り）…1/4個分
- オイスターソース…大さじ1
- しょうゆ…大さじ1/2
- 片栗粉…大さじ1/2
- こしょう…少々

▶粘りが出るまでよく練り混ぜる

サラダ油…小さじ2

1 ゴーヤーの穴にAを等分に詰める。

2 フライパンにサラダ油を中火で熱し、**1**を並べて両面を焼く。焼き色がついたらふたをして弱火にし、3〜4分蒸し焼きにする。

Note

・肉だねが余った場合は、食べやすい大きさに丸めていっしょに焼いてOK。
・冷凍保存もできます。その場合の賞味期限は約1か月を目安にしてください。

とうもろこしの
チーズはんぺん焼き

消費期限 約3日

甘くてふわふわだから子どもにも好評。
とうもろこしの代わりに
枝豆でもおいしく作れます。

材料と下準備（10個分）

とうもろこし…1/2本
▶包丁で身をそぎ取る

はんぺん…2枚（200g）
ピザ用チーズ…40g
A ┌ 片栗粉…大さじ1と1/2
　└ 塩…少々
サラダ油…大さじ1

1 厚手のポリ袋にはんぺんを入れて
もみ、なめらかになったらAを加え
てもむ。さらにとうもろこしとピザ
用チーズを加えてもみ、全体にな
じんだら10等分にして円盤状に整
える。

2 フライパンにサラダ油を弱めの中
火で熱し、**1**を並べて3分ほど焼く。
焼き色がついたら上下を返し、さ
らに3分ほど焼く。

Note
・火加減が強いとすぐに焼き色がつきます。
とうもろこしにも火を入れたいので、火加減
に注意して、様子を見ながらじっくりと焼い
てください。
・冷凍保存もできます。その場合の賞味期
限は約1か月を目安にしてください。

焼きとうもろこし

消費期限 約3日

バターじょうゆでお酒にも合う味に。
お弁当の彩りにもぴったり。

材料と下準備（作りやすい分量）

とうもろこし…2本（600g）
▶皮を2〜3枚残してむき、1本ずつラップ
で包み、耐熱皿にのせて電子レンジで5分
ほど加熱する。粗熱がとれたら残りの皮
をむき、食べやすい長さに切ってから縦半
分に切る

バター…10g
A ┌ しょうゆ…大さじ1
　└ みりん…大さじ1

1 フライパンにバターを中火で溶かし、
とうもろこしの身を下にして並べ、
焼く。軽く焼き色がついたらAを
加え、軽く揺すりながらからめる。

Note
・お弁当には長さ2cmほど、おつまみには長
さ4cmほどに切り、さらに縦半分に切ると食
べやすいです。
・冷凍すると香ばしさがなくなるので、冷凍
保存はおすすめできません。

焼きとうもろこし

とうもろこしのチーズはんぺん焼き

オクラとさやいんげんの
ごまあえ 消費期限 約3日

2つの食感が楽しめます。
いっしょにゆでて、いっしょにあえるだけ!

材料と下準備(作りやすい分量)

オクラ…10本
▶がくをむき、塩適量をふってまな板の上で転がし、
さっと洗う

さやいんげん…100g

A ┌ すりごま(白)…大さじ4
  │ 砂糖…大さじ1
  └ しょうゆ…大さじ1

1 鍋にたっぷりの湯を強めの中火で沸かして
塩少々(分量外)を入れ、オクラとさやいん
げんを2分ほどゆで、冷水に取って冷まし、
ざるに上げて水けをきる。オクラは3〜4等
分の斜め切りにし、さやいんげんは長さ3cm
に切る。

2 ボウルにAを入れて混ぜ、オクラとさやいん
げんを加えてあえる。

Note

・冷凍保存もできます。その場合の賞味期
限は約1か月を目安にしてください。

Note

・オクラは長さ3cmほどになるように斜め切り
にしてください。
・冷凍保存もできます。その場合の賞味期
限は約1か月を目安にしてください。

オクラとえびのサブジ風 消費期限 約3日

えびの豊かな食感で食べごたえあり。
スパイシーで食欲そそる夏らしいおかずです。

材料と下準備（作りやすい分量）

オクラ…10本
▶がくをむき、塩適量をふってまな板の上で転がし、さっと洗って長さ2cmに切る

無頭えび…200g
▶殻をむいて背に切り込みを入れ、あれば背わたを取る

玉ねぎ…1/2個
▶みじん切りにする

にんにく…1かけ
▶みじん切りにする

サラダ油…大さじ1
クミンシード…小さじ1
A┌カレー粉…小さじ1
 └塩…小さじ1/2

1 フライパンにサラダ油、クミンシード、にんにくを入れて中火で熱し、香りが立ったら玉ねぎを加えて炒める。玉ねぎが透き通ってきたら、オクラとえびを加えてさっと炒め合わせる。

2 ふたをして、ときどき混ぜながら2分ほど蒸し焼きにする。えびの色が変わったらふたを取り、Aを加えてさっと混ぜる。

ピーマンのごま塩きんぴら 消費期限 約3日

ピーマンはしんなりとする程度にさっと炒め、食感よく仕上げてください。

材料と下準備(作りやすい分量)

ピーマン…8個
▶縦半分に切ってから縦に細切りにする

いりごま(黒)…大さじ1/2
ごま油…小さじ2
塩…小さじ1/4〜1/3

1 フライパンにごま油を中火で熱し、ピーマンを炒める。しんなりとしたら塩をふり、いりごまを加えて混ぜる。

Note

・冷凍保存もできます。その場合の賞味期限は約1か月を目安にしてください。

きゅうりの酢漬け 消費期限 4〜5日

きゅうりは種を取って保存性を高めます。常備しておくとなにかと助かる箸休めです。

材料と下準備（作りやすい分量）

きゅうり…3本
▶縦半分に切り、小さめのスプーン
で種を取ってからひと口大の乱切り
にする

A
- しょうが（せん切り）…2かけ分
- 昆布…3cm四方1枚
- 赤唐辛子（小口切り）…1/2本分
- 酢…大さじ3
- しょうゆ…大さじ2
- 砂糖…大さじ1
- ごま油…大さじ1/2

1 鍋にAを入れて強めの中火で煮
立て、さっと混ぜてきゅうりを加え、
混ぜながら1分ほど煮て火を止め
る。ときどき混ぜながら10分ほど
おき、粗熱がとれたらきゅうりを取
り出す。

2 1の鍋を再び強めの中火で熱し、
ひと煮立ちさせて火を止める。き
ゅうりを戻し入れ、ときどき混ぜな
がら冷ます。

<u>Note</u>
・昆布は取り出さず、いっしょに保存して大
丈夫です。

梅じそチキンナゲット

消費期限 約3日

あっさりとした鶏胸ひき肉がおすすめ。
梅の風味が効いた、
夏にうれしいメインおかずです。

材料と下準備（作りやすい分量）

梅干し（塩分8%）…2個（30g）
▶種を取り、包丁で果肉をたたく

青じそ…8～10枚

A
┌ 鶏胸ひき肉…300g
│ 卵…1個
│ 小麦粉…大さじ4
└ しょうゆ…大さじ1/2

サラダ油…適量

1 ボウルに梅干しとAを入れ、青じ
そを細かくちぎりながら加え、粘り
が出るまでよく練り混ぜる。

2 フライパンにサラダ油を深さ5mmほ
ど入れて中火で熱し、スプーンで
1をすくって入れ（10～12等分が
目安）、軽くつぶし、きつね色にな
るまで2～3分揚げ焼きにする。上
下を返し、同様に2～3分揚げ焼
きにする。

Note

・保存するときは、ペーパータオルを
敷いた保存容器に立てるように入れて
ください。

・冷凍保存もできます。その場合の賞
味期限は約1か月を目安にしてください。

薬味と豚肉の春巻き　消費期限 約2日

さっぱりしつつ、食べごたえもあります。
皮2枚で巻いているので水分が出にくく、翌日でもおいしい！

材料と下準備（10本分）

青じそ…10枚

みょうが…3本
▶縦に薄切りにする

豚切り落とし肉…200g
▶しょうが（すりおろし）小さじ2、しょう
ゆ大さじ1、ごま油小さじ1をもみ込み、
片栗粉小さじ2をまぶす

春巻きの皮…10枚
▶斜め半分に切る

A ┌ 小麦粉…適量
　└ 水…適量（小麦粉と同量）
▶溶き混ぜる

サラダ油…適量

1 春巻きの皮1切れを長辺が手前になるように置き、青じそ1枚、豚肉の1/10量、みょうがの1/10量の順にのせる。左右の皮を折りたたみ、向こう側の皮の縁にAを薄く塗り（a）、手前からきつく巻いて留める。

2 さらに春巻きの皮1切れを長辺が手前になるように置き、1の巻き終わりを下にしてのせ（b）、同様に巻く。残りも同様にする。

3 フライパンにサラダ油を深さ1cmほど入れて中火で熱し、2の巻き終わりを下にして入れる。弱めの中火にして、ときどき返しながらきつね色になるまで4〜5分揚げ焼きにする。

Note

・保存するときは、ペーパータオルを敷いた保存容器に入れてください。

・揚げる前の状態で冷凍保存もできます。その場合の賞味期限は約1か月を目安にしてください。

和風ピクルス
→P88

エスニック味玉
（うずらのゆで卵）
→P87

ご飯

なすのみそそぼろ
→P28

なすのみそそぼろ弁当

うずらのゆで卵は楊枝を刺して食べやすくしておきましょう。「和風ピクルス」は汁けをよくきり、カップなどに入れると汁もれの心配がなくなります。

野菜の焼き浸し
→P89

焼きとうもろこし
→P34

ゴーヤーの
肉詰め焼き
→P33

梅干し

ご飯

夏野菜弁当

ゴーヤーと梅干しで夏バテ予防！「野菜の焼き浸し」
は、さまざまな野菜で作れるので、ほかのおかずと色が
かぶらない野菜をチョイスするとバランスがよくなります。

ビール

どんなおかずにも合いますが、夏はピリ辛味やスパイスを効かせたおかずと合わせるのが正解！グラスも冷やしておくとよりおいしくいただけます。

オクラとえびのサブジ風
→P36

スパイスの風味が食欲を刺激し、ビールがすすみます。作りおきしておけば、暑くてキッチンに立ちたくない日も大助かり。

ズッキーニの
ピリ辛肉巻き →P30

豆板醤を効かせた肉巻き×ビールで食欲アップ。豚肉には疲労回復や代謝を促すビタミンがあり、夏バテ予防にもぴったりです。

日本酒（夏酒）

夏向けの清涼感のある日本酒。キリッとした淡麗辛口なら、比較的どんな料理とも合わせやすいです。冷酒でいただくのがおすすめ。

ピーマンのごま塩きんぴら
→P38

くせの少ない日本酒なので、塩味の炒めもの、酢を効かせたあえものなど、シンプルなおかずと組み合わせ、素材の味を楽しみましょう。

薬味と豚肉の春巻き →P41

薬味の香りを活かすなら料理の味を邪魔しない日本酒でぜひ。夏酒にはキレのよさがあり、揚げものとの相性もばっちりです。

秋

かぼちゃと
クリームチーズのサラダ

消費期限 約3日

デリ風のサラダです。
お弁当のほか、サンドイッチにするのもおすすめ。

材料と下準備(作りやすい分量)
―――――――――――――

かぼちゃ…1/4個(正味300g)
▶種とわたを取り、皮をところどころ
切り落として2cm角に切る。耐熱ボウ
ルに入れて水大さじ1を回しかけ、ふ
んわりとラップをして電子レンジで5分
ほど加熱する。水けをきってフォーク
でつぶし、冷ます

クリームチーズ…50g
▶1cm角に切る

レーズン…大さじ2

アーモンド(無塩・ロースト済み)…20g
▶粗く刻む

A ┌ マヨネーズ…大さじ3
  │ 塩…少々
  └ こしょう…少々

1 かぼちゃのボウルにAを加えて混ぜ、クリー
  ムチーズ、レーズン、アーモンドを加えてざ
  っくりと混ぜる。

Note
―――――
・鶏肉の下味は、時間があるときはひと晩
おいても。
・保存するときは、ペーパータオルを敷いた
保存容器に入れてください。
・冷凍保存もできます。その場合の賞味期
限は約1か月を目安にしてください。

Note
―――――
・暑い時期のお弁当にはマヨネーズをオリ
ーブオイルに替え、クリームチーズを入れ
ずに作ると保存性が高まります。
・冷凍保存もできます。その場合の賞味期
限は約1か月を目安にしてください。

かぼちゃの素揚げと鶏肉のごまみそから揚げ 消費期限 約3日

みそ味のから揚げは味がぼやけずまとまります。
2色のごまをまぶして香ばしさをプラスしました。

材料と下準備（作りやすい分量）

かぼちゃ…1/8個（正味150〜200g）
▶種とわたを取り、厚さ1cmの食べやすい
大きさに切る

A ┌ 鶏もも肉…2枚（500g）
  │ ▶余分な脂肪と筋を除き、
  │ ひと口大に切る
  │ しょうが（すりおろし）…小さじ2
  │ みそ…大さじ2と1/2
  │ 酒…大さじ2
  └ 砂糖…小さじ1

▶厚手のポリ袋に鶏肉以外の材料を入れて混ぜ、
鶏肉を加えて1分ほどもみ込み、10分ほどおく

B ┌ いりごま（白）…大さじ2
  │ いりごま（黒）…大さじ1
  └ 片栗粉…大さじ5

▶ポリ袋に入れてふり混ぜ、
バットに移す

サラダ油…適量
塩…適量

1 Aの鶏肉をBのバットに移してBを
まぶす。

2 フライパンにサラダ油を深さ2cmほ
ど入れて中火で熱し、かぼちゃを
3〜4分揚げ焼きにする。竹串を
刺し、すっと通るようになったら取
り出し、塩をふる。

3 続けて2のフライパンに1を入れ
て2〜3分揚げ焼きにし、上下を
返して、カラリとするまで2〜3分
揚げ焼きにする。

さつまいもと
ミックスビーンズの
粒マスタードあえ 消費期限 約3日

ほくほくとした2つの食材を粒マスタードでまとめます。

材料と下準備（作りやすい分量）

さつまいも…小1本（150g）

▶皮つきのまま1cm角に切り、耐熱ボウルに入れてたっぷりの水にさっとさらし、水を捨てる。ふんわりとラップをして電子レンジで3分ほど加熱し、水けをきる

ミックスビーンズ（ドライパック）…1缶（120g）

A ┌ 粒マスタード…大さじ1と1/2
  │ オリーブオイル …大さじ1と1/2
  └ 砂糖…小さじ1

▶混ぜ合わせる

塩、こしょう…各少々

1 さつまいものボウルにミックスビーンズとAを加えて混ぜ、塩、こしょうで味を調える。

Note

・ミックスビーンズの代わりにドライパックの大豆やひよこ豆を使用してもOK。
・冷凍保存もできます。その場合の賞味期限は約1か月を目安にしてください。

さつまいもの
はちみつ塩バター

消費期限 約3日

はちみつの甘さに塩を効かせるのがポイント。
おやつにもおすすめです。

材料と下準備（作りやすい分量）

さつまいも…小2本（300g）

▶皮つきのまま厚さ1cmの輪切りにし、耐熱ボウルに入れてたっぷりの水にさっとさらし、水を捨てる。ふんわりとラップをして電子レンジで6分ほど加熱し、水けをきる

A ┌ はちみつ…大さじ1と1/2
  │ バター…15g
  └ 塩…少々

1 熱いうちにさつまいものボウルにAを加え、ときどき混ぜながら冷ます。

Note

・さつまいもが大きい場合は半月切りにしてください。
・冷凍保存もできます。その場合の賞味期限は約1か月を目安にしてください。

さつまいもの黒酢酢豚 消費期限 約3日

黒酢のこくがさつまいもと豚肉によく合います。
酢が効いているので傷みにくいのもポイント。

材料と下準備（作りやすい分量）

さつまいも…小2本（300g）
▶皮つきのままひと口大の乱切りにし、耐熱ボウルに入れてたっぷりの水にさっとさらし、水を捨てる。ふんわりとラップをして電子レンジで5分ほど加熱し、水けをきる

豚肩ロースかたまり肉…400g
▶厚さ1cmに切ってから3cm四方に切る。酒・しょうゆ各小さじ2をもみ込み、片栗粉大さじ3をまぶす

サラダ油…大さじ1

A ┌ 水…100mℓ
　│ 黒酢…大さじ3
　│ 砂糖…大さじ1と1/2
　│ しょうゆ…大さじ1
　└ 片栗粉…小さじ1
▶混ぜ合わせる

1 フライパンにサラダ油を弱めの中火で熱し、豚肉を並べて3分ほど焼く。焼き色がついたら上下を返し、さらに3分ほど焼く。

2 中火にしてさつまいもを加え、2分ほど炒め合わせる。さつまいもに軽く焼き色がついたらAをもう一度混ぜてから加え、混ぜながらとろみがつくまで煮からめる。

Note

・黒酢を米酢にすると、さっぱりとした甘酢炒めになります。
・冷凍保存もできます。その場合の賞味期限は約1か月を目安にしてください。

里いもと豚肉の梅煮 消費期限 約3日

甘辛味のこっくりとした煮ものに梅干しを加えてさっぱりと。
仕上げに削り節をかけてもおいしいです。

材料と下準備（作りやすい分量）

里いも…500g
▶ひと口大に切る

豚こま切れ肉…250g
サラダ油…小さじ2

A
- 梅干し（塩分8%）…1個（15g）
- 水…200㎖
- 酒…大さじ2
- しょうゆ…大さじ2
- 砂糖…大さじ1と1/2

1 フライパンにサラダ油を中火で熱し、豚肉を炒める。色が変わったら里いもを加えてさっと炒め合わせ、Aを加える。

2 煮立ったら落としぶたをし、ときどき混ぜながら弱めの中火で12分ほど煮る。里いもに竹串を刺し、すっと通るようになったら落としぶたを取り、梅干しを軽くつぶす。

3 強めの中火にして、煮汁がフライパンの底に薄く残るくらいになるまで煮からめる。

Note

・里いもは火の通りを均一にするため、大きさをそろえて切りましょう。
・冷凍保存もできます。その場合の賞味期限は約1か月を目安にしてください。

里いもとハムの マッシュサラダ 　消費期限 約3日

ハムは手軽にうまみが加えられる便利食材。
むっちりとした食感がおつまみにもぴったりです。

材料と下準備（作りやすい分量）

里いも…500g
▶皮つきのまま中央に横にぐるりと切り込みを入れる

ハム…5枚
▶1cm四方に切る

A ┌ オリーブオイル…大さじ1
　│ 白ワインビネガー（または酢）…小さじ2
　└ 塩…小さじ1/2

粗びき黒こしょう…適量

1 鍋に里いもとかぶるくらいの水を入れて中火
　　で熱し、沸騰してから10〜15分ゆでる。竹
　　串を刺し、すっと通るようになったらざるに
　　上げて水けをきり、粗熱がとれたら皮をむく。

2 ボウルに里いもを入れてフォークで粗くつぶし、
　　Aを加えて混ぜる。冷めたらハムを加えてざ
　　っくりと混ぜ、粗びき黒こしょうをふる。

Note
・里いもが冷めるとつぶしにくくなるため、
粗熱が残っているうちに作業してください。
・冷凍保存もできます。その場合の賞
味期限は約1か月を目安にしてください。

たたき長いもの磯辺揚げ 消費期限 約3日

見た目がかわいい小さなおかず。スナック感覚で子どももおいしく食べられます。

材料と下準備（16個分）

長いも…250g
▶厚手のポリ袋に入れ、めん棒で大きなかたまりがなくなるまでたたく

焼きのり（全形）…2枚
▶8等分に切る

A ┌片栗粉…大さじ4
　└塩…小さじ1/3

サラダ油…適量

練りわさび（チューブ・好みで）…適量

1 ボウルに長いもとAを入れ、混ぜる。
2 フライパンにサラダ油を深さ5mmほど入れて中火で熱し、スプーンで1を軽くすくってのりではさみ（a）、長いもがきつね色になるまで2分ほど揚げ焼きにする。上下を返し、同様に2分ほど揚げ焼きにする。
3 いただくときにわさびをつける。

a

Note

・保存するときは、ペーパータオルを敷いた保存容器に立てるように入れてください。
・冷凍保存もできます。その場合の賞味期限は約1か月を目安にしてください。

青梗菜ともやしのザーサイあえ 消費期限 約3日

ラー油はお好みですが、おつまみにするならかけるのがおすすめです。

材料と下準備(作りやすい分量)

青梗菜…2株
▶長さ3cmに切り、軸の太い部分は8つ割りにする

もやし…1袋(200g)
味つきザーサイ…30g
▶粗みじん切りにする

A ┌ごま油…大さじ1
  │しょうゆ…大さじ1/2
  │塩…少々
  └こしょう…少々
ラー油(好みで)…適量

1 鍋にたっぷりの湯を強めの中火で沸かして塩少々(分量外)を入れ、青梗菜の軸を30秒ほどゆで、葉も加えてさらに20秒ほどゆでる。冷水に取って冷まし、水けをよく絞る。

2 続けて1の湯でもやしを1分ほどゆで、冷水に取って冷まし、水けをよく絞る。

3 ボウルに青梗菜、もやし、ザーサイ、Aを入れ、混ぜる。

4 いただくときにラー油をかける。

れんこんつくね 消費期限 約3日

鶏ひき肉はうまみの強いもも肉がおすすめです。
れんこんの食感が心地よいアクセントに。

材料と下準備（作りやすい分量）

れんこん…200g
▶厚さ8mmの輪切りにし、たっぷりの水にさっとさらして水けをきる

A
- 鶏ももひき肉…400g
- 長ねぎ（みじん切り）…1/2本分
- しょうが（すりおろし）…小さじ2
- 酒…大さじ1と1/2
- 片栗粉…大さじ1と1/2
- 塩…ひとつまみ

▶粘りが出るまでよく練り混ぜる。れんこんの枚数に合わせて分け、丸める

サラダ油…小さじ2

B
- 酒…大さじ2
- しょうゆ…大さじ2
- みりん…大さじ2
- 砂糖…大さじ1

Note
・たねがはがれないよう、れんこんの穴にぎゅっと押し込みます。
・卵黄を添えたり、七味唐辛子や粉山椒をふっても合います。
・冷凍保存もできます。その場合の賞味期限は約1か月を目安にしてください。

1 れんこんにAをのせて押しつけ、たねの表面が平らになるように形を整える。

2 フライパンにサラダ油を中火で熱し、1のれんこんの面を下にして並べ、2〜3分焼く。焼き色がついたら上下を返して2〜3分焼き、ふたをして、さらに弱火で3分ほど蒸し焼きにする。

3 ふたを取ってBを加え、強めの中火にして、とろみがついて照りが出るまで煮からめる。

れんこんの竜田揚げ

消費期限 約3日

れんこんの食感と香ばしさで、
冷めてもおいしい竜田揚げです。

材料と下準備（作りやすい分量）

れんこん…250g

▶皮つきのままひと口大の乱切りにする。厚手の
ポリ袋に入れ、しょうが（すりおろし）小さじ1、しょ
うゆ大さじ1と1/2を加えてもみ、ときどき上下を返
しながら10分ほどおく。汁けをきり、片栗粉適量
を薄くまぶす

サラダ油…適量

1 鍋にサラダ油を深さ1cmほど入れて中火で
熱し、れんこんの1/2量を入れ、ときどき返
しながらカラリとするまで3〜4分揚げ焼きに
する。残りも同様にする。

Note

・れんこんは皮むき&水さらし不要。揚げると皮が気に
ならず、あくもやわらぎます。
・しょうがの代わりに、にんにくでもおいしいです。
・保存するときは、ペーパータオルを敷いた保存容器
に入れてください。
・冷凍保存もできます。その場合の賞味期限は約1か
月を目安にしてください。

れんこんと豆苗の明太子炒め

消費期限 約3日

塩、こしょうだけのシンプルな味つけですが、
食材そのものの味の組み合わせでぐんとおいしく！

材料と下準備（作りやすい分量）

れんこん…200g

▶皮つきのまま厚さ3mmのいちょう切りにし、たっぷり
の水にさっとさらして水けをきる

辛子明太子…1/2腹(50g)

▶包丁の刃先で身をこそげ取り、酒大さじ1を混ぜる

豆苗…1パック

▶根元を切り落とし、長さ3cmに切る

ごま油…大さじ1

塩、こしょう…各少々

1 フライパンにごま油を中火で熱し、れんこん
を1〜2分炒める。透き通ってきたら豆苗を
加え、さっと炒め合わせる。

2 辛子明太子を加えて混ぜ、塩、こしょうで
味を調える。

Note

・れんこんは薄切りなら皮むき不要です。
・冷凍保存もできます。その場合の賞味期限は約1か月
を目安にしてください。

鮭のハーブフライ　消費期限 約3日

安売りの鮭でも香りよくリッチなおかずに。
生たらでもおいしく作れます。

材料と下準備（作りやすい分量）

生鮭（切り身）…4切れ
▶骨がある場合は取り除いて、3
等分に切り、塩・こしょう各少々を
ふる

A ┌小麦粉…大さじ4
  └水…大さじ4
▶溶き混ぜる

B ┌パセリ（みじん切り）…大さじ2
  │粉チーズ…大さじ2
  └パン粉…30g
▶ポリ袋に入れてふり混ぜ、バットに移す

サラダ油…適量
レモン（くし形切り・好みで）、
ウスターソース（好みで）
　…各適量

1 鮭はAをからめ、Bをまぶす。
2 フライパンにサラダ油を深さ1cmほ
　ど入れて中火で熱し、1をきつね
　色になるまで2分ほど揚げ焼きに
　する。上下を返し、同様に2分ほ
　ど揚げ焼きにする。
3 いただくときにレモンを添えて搾っ
　たり、ウスターソースをかける。

Note

・保存するときは、ペーパータオルを敷いた
保存容器に立てるように入れてください。
・冷凍保存もできます。その場合の賞味期
限は約1か月を目安にしてください。

鮭とじゃがいものバターポン酢炒め 消費期限 約3日

さっぱりポン酢にバターでこくをプラス。
こちらも生たらで作ってもおいしいです。

材料と下準備(作りやすい分量)

生鮭(切り身)…3切れ
▶骨がある場合は取り除いて、ひと口
大に切り、塩少々をふって小麦粉適量
を薄くまぶす

じゃがいも…2個(300g)
▶小さめのひと口大に切り、耐熱ボウ
ルに入れてたっぷりの水にさっとさら
し、水を捨てる。ふんわりとラップを
して電子レンジで4分ほど加熱し、水
けをきる

青のり…適量
サラダ油…大さじ1
A ┌ ポン酢しょうゆ…大さじ2
  └ バター…10g

1 フライパンにサラダ油を中火で熱
し、鮭を並べて両面を焼き、焼き
色がついたら取り出す。

2 1のフライパンを中火で熱し、じゃ
がいもをときどき返しながら2分ほ
ど焼く。全体に軽く焼き色がつい
たら、鮭を戻し入れてさっと炒め
合わせる。

3 Aを加えてからめ、青のりをふる。

しいたけと
にんじんのプルコギ
→P60

焼ききのこの
オイルマリネ
→P60

甘辛きのこ煮
→P61

しいたけと
こんにゃくのしょうが煮
→P61

しいたけとにんじんのプルコギ

消費期限 約3日

秋らしくしっかりとした味でご飯がすすみます。
フライパンの中で下味をつけるので洗いものは最小限に。

材料と下準備（作りやすい分量）

しいたけ…6枚
▶軸を取って薄切りにする

A
- 牛切り落とし肉…300g
- にんにく（すりおろし）…小さじ1/2
- しょうゆ…大さじ2
- 酒…大さじ1
- ごま油…大さじ1
- 砂糖…大さじ1

にんじん…1本（150g）
▶斜め薄切りにしてから細切りにする

いりごま（白）…大さじ1
一味唐辛子…適量

1 フライパンにAを入れてもみ、さらにしいたけとにんじんを加えてさっともみ、5分ほどおく。
2 1のフライパンを強めの中火で熱し、炒める。牛肉の色が変わり、にんじんがしんなりとしたら、いりごまと一味唐辛子をふる。

Note

・サンチュやレタスで巻いても美味。キムチをいっしょに入れてもおいしいです。
・しいたけの代わりにまいたけやしめじ、エリンギなどでもOK。
・冷凍保存もできます。その場合の賞味期限は約1か月を目安にしてください。

焼ききのこのオイルマリネ

消費期限 約3日

きのこはフライパンに広げてあまり触らずに焼き、
焼き色をつけてうまみを凝縮させます。

材料と下準備（作りやすい分量）

好みのきのこ（しめじ、まいたけ、
　エリンギなど）…合わせて400g
▶石づきがあるものは取り、食べやすい大きさにほぐす（または切る）

にんにく…1かけ
▶薄切りにする

赤唐辛子…1/2〜1本
▶種を取って小口切りにする

塩…小さじ1/4
こしょう…少々
オリーブオイル…大さじ2

1 フッ素樹脂加工のフライパンにきのこを広げ入れ、中火で熱して、ときどき混ぜながら焼く。全体に焼き色がつき、しんなりとしたら塩、こしょうをふり、取り出す。
2 1のフライパンにオリーブオイルとにんにくを入れて弱火で熱し、香りが立って、にんにくが色づいてきたら赤唐辛子を加え、軽く加熱する。1を戻し入れ、さっと混ぜる。

Note

・冷凍保存もできます。その場合の賞味期限は約1か月を目安にしてください。

甘辛きのこ煮 消費期限 約3日

加熱するときのこから水分が出るので、
調味料といっしょに煮詰めてください。

材料と下準備（作りやすい分量）

好みのきのこ（しめじ、まいたけ、
　えのきたけなど）…合わせて400g
▶石づきがあるものは取り、食べやす
い大きさにほぐす（または切る）

A ┌ しょうゆ…大さじ1と1/2
　├ みりん…大さじ1
　└ 砂糖…小さじ1

1 フライパンにきのことAを入れて混
ぜ、強めの中火で熱し、ときどき
混ぜながら汁けがほぼなくなるま
で4〜5分煮る。

Note
・いただくときに七味唐辛子をふっても。
・冷凍保存もできます。その場合の賞味期
限は約1か月を目安にしてください。

しいたけとこんにゃくのしょうが煮

消費期限 3〜4日

あと味はしょうがの風味でさっぱり。
少量でも食べごたえがあるのでお弁当にぴったりです。

材料と下準備（作りやすい分量）

しいたけ…6枚
▶軸を取って2〜4つ割りにする

こんにゃく…1枚（250g）
▶両面に浅い切り込みを格子状に入
れてから2cm角に切る

ごま油…大さじ1

A ┌ しょうが（せん切り）…1かけ分
　├ 水…100mℓ
　├ しょうゆ…大さじ1と1/2
　├ みりん…大さじ1と1/2
　├ 酒…大さじ1
　└ 砂糖…大さじ1

1 鍋にたっぷりの湯を中火で沸かし、
こんにゃくを3分ほどゆでてざるに
上げ、水けをきる。
2 鍋にごま油を中火で熱し、こんに
ゃくを炒め、軽く焼き色がついた
らしいたけを加えてさっと炒め合
わせる。
3 Aを加え、ときどき混ぜながら汁
けがなくなるまで煮る。

Note
・しいたけは煮ると縮むので大きめに切って
ください。
・こんにゃくは先に炒めて余分な水分を飛ば
し、食感よく仕上げます。
・好みでAに赤唐辛子（小口切り）1/2〜1本
分を加えてもOK。
・こんにゃくの食感が変わるので冷凍保存は
おすすめできません。

焼ききのこの
オイルマリネ
→P58

鮭のハーブフライ
→P56

青菜のお浸し
→P91

ご飯

鮭のハーブフライ弁当

洋風の鮭フライにレモンやソースを添えて味変も楽しめるように。全体が茶色っぽくならないよう、青菜で彩りをプラス。汁けをよくきってから詰めてください。

青梗菜ともやしのザーサイあえ
→P53

かぼちゃの素揚げと
鶏肉のごまみそから揚げ
→P46

しらすと
あおさの
卵焼き
→P86

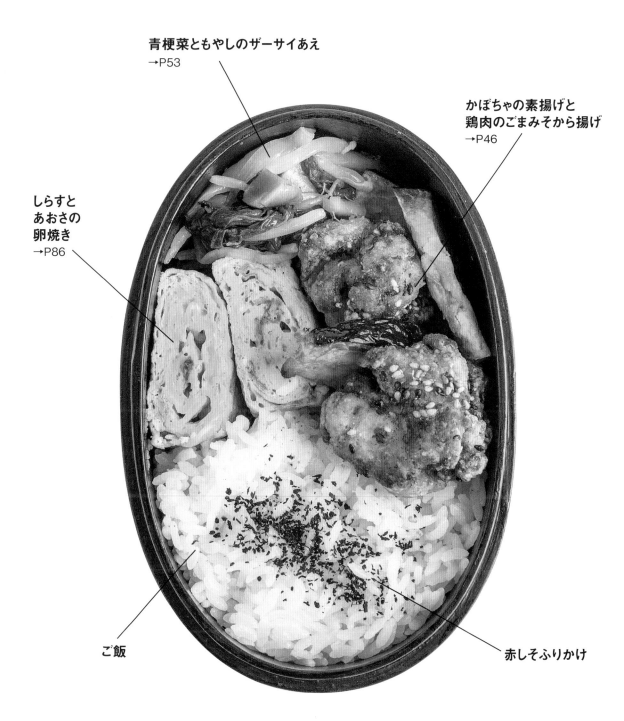

ご飯

赤しそふりかけ

ごまみそから揚げ弁当

定番のから揚げと卵焼きに秋野菜のあえものなどを
組み合わせ、満足感の高いお弁当に仕上げました。子
どもの運動会や遠足にもぴったりです。

芋焼酎

さつまいもを原料とした焼酎で、甘い香りがあり、芳醇でこくのある味わいが特徴です。秋が深まってきたら、ぜひお湯割りで。

れんこんの竜田揚げ →P55

芋焼酎はアルコール度数がやや高いので、油っぽいおかずでもすっきりといただけます。揚げものにはソーダ割りもおすすめです。

さつまいもの黒酢酢豚 →P49

やはり芋焼酎とさつまいもは合います。芋焼酎は香りが強いため、しっかりとした味つけの料理と相性がいいです。

日本酒（ひやおろし）

米のうまみがしっかりと感じられます。ひと夏のあいだに熟成させてから出荷するので落ち着きのある味わいがあり、秋の夜長を楽しむのにうってつけです。

里いもと豚肉の梅煮 →P50

ひやおろしのペアリングに迷ったら、ご飯に合う、しょうゆみそのこっくり味のおかずをチョイスすればOKです。常温や燗でどうぞ。

しいたけとこんにゃくのしょうが煮 →P59

ひやおろしとしいたけのうまみをかけ合わせて味わい深く。しょうがのさわやかさで口の中がリセットされ、飽きがきません。

冬

かぶの赤しそあえ

かぶの皮と葉の
おかかじょうゆ炒め

かぶの赤しそあえ 消費期限 3～4日

塩もみをして赤しそふりかけであえるだけ。
あと一品欲しいときに便利なおかずです。

材料と下準備（作りやすい分量）

かぶの根…4個（400g）
▶縦半分に切ってから縦に幅3mmに切り、塩小さじ1/4をふってもみ、5分ほどおいて水けをよく絞る

赤しそふりかけ…小さじ1～1と1/2

1 ボウルにかぶの根と赤しそふりかけを入れ、混ぜる。

Note
・赤しそふりかけは市販品でも自家製でも。塩分が異なるので、味をみて量を加減してください。

かぶの皮と葉の
おかかじょうゆ炒め

消費期限 3～4日

かぶの皮も無駄にはしません。
よく洗い、厚めにむくと食感が楽しめます。

材料と下準備（作りやすい分量）

かぶの根の皮…4個分（100g）
▶長さ3cmの細切りにする

かぶの葉…4個分（160g）
▶長さ5mmに切る

削り節…小1袋（5g）
ごま油…大さじ1
A ┌酒…小さじ2
  └しょうゆ…小さじ2
塩…少々

1 フライパンにごま油を中火で熱し、かぶの皮と葉を1分ほど炒める。
2 皮がしんなりとしたらAを加えてからめ、塩で味を調える。削り節を加え、さっと混ぜる。

Note
・削り節は余分な水分を吸ってくれるので作りおきに向いている食材です。
・冷凍保存もできます。その場合の賞味期限は約1か月を目安にしてください。

3 かぶの根を戻し入れ、かぶの葉も加えて炒め合わせる。かぶの葉がしんなりとしたら、Aを加えてからめる。

Note
・冷凍保存もできます。その場合の賞味期限は約1か月を目安にしてください。

かぶと鶏胸肉のゆずこしょうマヨ炒め 消費期限 約3日

かぶと鶏胸肉はともに淡白な食材なので、マヨネーズを加えてこくのあるひと皿に。

材料と下準備（作りやすい分量）

かぶの根…2個（200g）
▶皮つきのまま厚さ8mmのいちょう切りにする

かぶの葉…2個分（80g）
▶長さ3cmに切る

鶏胸肉（皮なし）…2枚（500g）
▶ひと口大のそぎ切りにし、塩小さじ1/2をもみ込み、片栗粉大さじ2をまぶす

サラダ油…小さじ1+大さじ1と1/2

A ┌ マヨネーズ…大さじ3
　└ ゆずこしょう…小さじ1/2
▶混ぜ合わせる

1 フライパンにサラダ油小さじ1を中火で熱し、かぶの根をときどき焼きつけながら2～3分炒め、取り出す。

2 1のフライパンにサラダ油大さじ1と1/2をたして中火で熱し、鶏肉を2分ほど焼く。焼き色がついたら上下を返し、さらに2分ほど焼く。

67

ラーパーツァイ

白菜の
和風コールスロー

ラーパーツァイ 消費期限 3～4日

中国の甘酢漬けです。白菜は水けをしっかり絞るのがポイント。

材料と下準備（作りやすい分量）

白菜…1/4個（450g）
▶長さ5cmに切ってから縦に幅5mmに切り、塩小さじ2をふってもみ、10分ほどおいて水けをよく絞る

A ┌ 酢…大さじ2
　└ 砂糖…小さじ2

B ┌ しょうが（せん切り）…1かけ分
　│ 赤唐辛子（小口切り）…1/2～1本分
　└ ごま油…大さじ1

1 ボウルに白菜とAを入れ、混ぜる。
2 小鍋にBを入れて弱めの中火で熱し、香りが立ったら**1**に加えて混ぜる。

Note
・最後に味をみて、ものたりない場合は塩少々を加えても。

白菜の和風コールスロー 消費期限 3～4日

本来はキャベツで作るサラダを白菜とポン酢しょうゆで和風にアレンジしました。

材料と下準備（作りやすい分量）

A ┌ 白菜…1/4個（450g）
　│ ▶長さ5cmに切ってから縦に幅5mmに切る
　│ にんじん…1/3本（50g）
　└ ▶細切りにする
▶合わせて塩小さじ1をふってもみ、10分ほどおいて水けをよく絞る

ツナ缶（油漬け）…1缶（70g）
▶缶汁をきる

B ┌ オリーブオイル…大さじ1
　└ ポン酢しょうゆ…大さじ1

1 ボウルにA、ツナ、Bを入れ、混ぜる。

Note
・水分の多い白菜はしっかりと水けを絞ることで味が薄まらず、保存性も高まります。

大根もち ［消費期限｜約3日］

作っておけばおやつにもなる便利な副菜。
酢じょうゆや練り辛子などで味変するのもおすすめ。

材料と下準備（作りやすい分量）

大根…1/3本（300g）
▶すりおろしてざるに上げ、軽く水けをきる

A
しらす干し…40g
細ねぎ（小口切り）…2〜3本分
小麦粉…50g
片栗粉…50g
塩…小さじ1/4

ごま油…大さじ1

1 ボウルに大根とAを入れ、混ぜる。

2 フライパンにごま油を中火で熱し、**1**を広げ
入れ、ふたを少しずらしてのせ、3分ほど
蒸し焼きにする。焼き色がついたら上下を
返し、同様に3分ほど蒸し焼きにする。粗
熱がとれたら食べやすい大きさに切る。

Note

・直径26cmのフライパンで一度に焼ける分量です。
・大根は水けをきりすぎるとかたくなります。押さえつ
けず、自然にきるようにしてください。
・冷凍保存もできます。その場合の賞味期限は約1か
月を目安にしてください。

Note

・高菜漬けは刻んであるものを使ってもOK。
商品によって塩分が異なるので、味をみて
しょうゆの量を加減してください。
・冷凍保存もできます。その場合の賞味期
限は約1か月を目安にしてください。

塩もみ大根と豚肉の高菜炒め 　消費期限 約3日

大根の大量消費にもぴったり。塩もみした大根の引き締まったおいしさがくせになります。

材料と下準備（作りやすい分量）

大根…1/2本（500g）
▶厚さ3mmのいちょう切りにし、塩小さ
じ1/2をふってもみ、5分ほどおいて水
けをよく絞る

豚こま切れ肉…300g
高菜漬け…50g
▶粗みじん切りにする

ごま油…小さじ2
A ┌ 酒…大さじ1
　└ しょうゆ…大さじ1

1 フライパンにごま油を中火で熱し、
豚肉を炒める。半分ほど色が変
わったら大根を加え、ときどき焼
きつけながら3分ほど炒め合わせ
る。

2 高菜漬けとAを加え、さっと炒め
合わせる。

焼き鳥風 消費期限 約3日

焼き鳥のねぎまを串に刺さず、そのまま食べるイメージです。
しっかり味のたれのおかげで冷めてもおいしい!

1 フライパンにサラダ油大さじ1/2を
中火で熱し、長ねぎをときどき転
がしながら4〜5分焼き、焼き色が
ついたら取り出す。

2 1のフライパンにサラダ油大さじ
1/2をたして中火で熱し、鶏肉の
皮目を下にして入れ、4〜5分焼く。
焼き色がついたら上下を返し、さ
らに2分ほど焼く。

3 余分な脂をペーパータオルで拭き
取り、Aを加えて煮からめる。汁
けが少なくなったら長ねぎを戻し
入れ、汁けがほぼなくなるまでか
らめる。

4 いただくときに粉山椒や七味唐辛
子をふる。

Note
・冷凍保存もできます。その場合の賞味期
限は約1か月を目安にしてください。

焼き長ねぎのマリネ

消費期限 3〜4日

長ねぎはじっくりと焼くことで甘みがアップ。
ときどき軽く押さえると火が通りやすくなります。

材料と下準備(作りやすい分量)

長ねぎ…3本
▶長さ4cmに切る

レモン果汁…大さじ1
オリーブオイル…大さじ2
塩…小さじ1/2

1 フライパンにオリーブオイルを弱めの中火で
　熱し、長ねぎを4〜5分焼く。焼き色がつい
　たら上下を返し、さらに4〜5分焼く。

2 塩をふって混ぜ、火を止める。レモン果汁
　を加え、さっとからめる。

Note

・保存するときは汁ごと保存容器に入れてください。
・冷凍保存もできます。その場合の賞味期限は約1か
月を目安にしてください。

材料と下準備(作りやすい分量)

長ねぎ…2本
▶長さ3cmに切る

鶏もも肉…2枚(500g)
▶余分な脂肪と筋を除き、ひと口大に切る

サラダ油…大さじ1/2+大さじ1/2

A ┌ しょうゆ…大さじ2
　│ 酒…大さじ1
　│ みりん…大さじ1
　└ 砂糖…大さじ1

粉山椒や七味唐辛子(好みで)…適量

ブロッコリーののり塩焼き　消費期限 約3日

じっくり焼いて、うまみを凝縮。のりは最後に加えて風味よく仕上げます。

材料と下準備（作りやすい分量）

ブロッコリー…1株（正味300g）
▶小房に分け、茎は厚めに皮をむいて食べやすい大きさに切る

焼きのり（全形）…1枚
ごま油…大さじ1
塩…小さじ1/4

1　フライパンにごま油を中火で熱し、ブロッコリーをときどき返しながら8分ほど焼く。

2　全体に焼き色がついたら火を止めて塩をふり、のりをちぎって加え、さっと混ぜる。

Note

・冷凍保存もできます。その場合の賞味期限は約1か月を目安にしてください。

カリフラワーとベーコンのパセリ炒め 消費期限 約3日

淡白なカリフラワーに、ベーコンでうまみを、パセリで香りをプラスします。

材料と下準備（作りやすい分量）

カリフラワー…1株（正味300g）
▶小房に分けてから2〜4つ割りにする

ベーコン…3枚
▶長さ1cmに切る

にんにく…1かけ
▶みじん切りにする

パセリ（みじん切り）…大さじ3
オリーブオイル…大さじ2
塩…ひとつまみ
粗びき黒こしょう…適量

1 フライパンにオリーブオイルを中火で熱し、カリフラワーをときどき返しながら焼く。

2 カリフラワーに軽く焼き色がついたらベーコンとにんにくを加え、2分ほど炒め合わせる。塩、粗びき黒こしょうをふり、パセリを加えてさっと混ぜる。

Note

・火の通りを均一にするため、カリフラワーの大きさはできるだけそろえましょう。
・冷凍保存もできます。その場合の賞味期限は約1か月を目安にしてください。

ほうれん草と油揚げのしょうがじょうゆあえ 消費期限 約3日

ほうれん草だけでもおいしいのですが、油揚げが入るとこくと食べごたえが出ます。

材料と下準備（作りやすい分量）

ほうれん草…1束（200g）
▶根元に十文字の切り込みを入れてから洗い、長さ4cmに切り、根元が太い場合は裂く

油揚げ…2枚（40g）
▶縦半分に切ってから幅1cmに切る

A ┌ しょうが（すりおろし）…小さじ1
　├ しょうゆ…小さじ2
　├ みりん…小さじ2
　└ 砂糖…小さじ1/2
しょうゆ…少々

1 鍋にたっぷりの湯を強めの中火で沸かして塩少々（分量外）を入れ、ほうれん草を1分ほどゆで、ゆで上がる直前に油揚げも加えてさっと混ぜる。冷水に取って冷まし、水けをよく絞る。

2 ボウルにAを入れて混ぜ、1を加えてあえる。味をみて、しょうゆで調える。

Note
・油揚げもさっとゆでることで余分な油が抜け、味なじみがよくなります。
・冷凍保存もできます。その場合の賞味期限は約1か月を目安にしてください。

スペイン風オムレツ 消費期限 約3日

おもてなしにも使えるくらいの存在感あるおかず。
ほうれん草の代わりにブロッコリーでも美味。

材料と下準備
（直径20cmのフライパン1枚分）

ほうれん草…1/2束（100g）
▶根元に十文字の切り込みを入れてから洗い、長さ4cmに切り、根元が太い場合は裂く

スモークサーモン（薄切り）…4枚（40g）
じゃがいも…1個（150g）
▶厚さ5mmのいちょう切りにし、たっぷりの水にさっとさらして水けをきる

卵…3個
▶溶きほぐし、粉チーズ大さじ1、塩・こしょう各少々を混ぜる

オリーブオイル…大さじ1
トマトケチャップ（好みで）…適量

1 直径20cmのフライパンにオリーブオイルを中火で熱し、じゃがいもを1分ほど炒める。ほうれん草をのせてふたをし、弱火で3分ほど蒸し焼きにする。

2 ふたを取って中火にし、スモークサーモンを2〜3等分にちぎりながら散らし、卵液を回し入れて大きく混ぜる。卵が半熟状になったら再びふたをし、弱めの中火で3分ほど蒸し焼きにする。

3 焼き色がついたらふたを取り、フライパンよりひと回り大きい皿をかぶせて（a）フライパンごと返し（b・c）、オムレツをすべらせるように戻し入れ（d）、ふたをせずにさらに2〜3分焼く。冷めたら食べやすい大きさに切る。

4 いただくときにトマトケチャップをかける。

Note
・お弁当用は小さめに切って保存しておくと、弁当箱に詰めやすいです。

d c b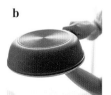 a

ほうれん草と油揚げの
しょうがじょうゆあえ

スペイン風オムレツ

小松菜と豚しゃぶの黒ごま山椒あえ

消費期限 約3日

大人っぽい味のメインおかず。特におつまみにぴったりです。

材料と下準備(作りやすい分量)

小松菜…1束(250g)
▶茎と葉に切り分け、それぞれ長さ4cmに切る

豚ロース薄切り肉
　(しゃぶしゃぶ用)…250g

A
－すりごま(黒)…大さじ2
　しょうゆ…大さじ2
　酢…大さじ1
　砂糖…小さじ1
　ごま油…小さじ1
－粉山椒…小さじ1/4

1 鍋にたっぷりの湯を強めの中火で沸かして塩少々(分量外)を入れ、小松菜の茎を30秒ほどゆで、葉も加えてさらに20秒ほどゆでる。冷水に取って冷まし、水けをよく絞る。

2 続けて1の湯を弱火にし、豚肉を1枚ずつ広げてゆでる。色が変わったらざるに取り出し、粗熱がとれたら食べやすい大きさにちぎる。

3 ボウルにAを入れて混ぜ、小松菜と豚肉を加えてあえる。

Note

・粉山椒はAに入れず、いただくときに味をみながらふってもOK。

・冷凍保存もできます。その場合の賞味期限は約1か月を目安にしてください。

春菊のくるみみそあえ 　消費期限 約3日

春菊の香りとくるみの風味、食感が、一体となって豊かな味を作り出します。

材料と下準備（作りやすい分量）

春菊…2束（300g）
▶茎と葉に切り分け、それぞれ長さ
4cmに切る

くるみ（無塩・ロースト済み）…50g
▶厚手のポリ袋に入れ、めん棒で
細かくなるまでつぶす

みそ…大さじ1

A ─ みりん…小さじ2
　 └ 砂糖…小さじ1

しょうゆ…少々

1 鍋にたっぷりの湯を強めの中火で
沸かして塩少々（分量外）を入れ、
春菊の茎を30秒ほどゆで、葉も
加えてさらに20秒ほどゆでる。冷
水に取って冷まし、水けをよく絞る。

2 ボウルにくるみの1/2量とみそを入
れ、まんべんなくなじむように混ぜ
る。残りのくるみとAを加えて混ぜ、
春菊を加えてあえる。味をみて、
しょうゆで調える。

Note

・2日目以降、ぱさつきを感じたら食べ
る分だけに水少々をたし、しょうゆ少々
で味を調えてください。
・冷凍保存もできます。その場合の賞
味期限は約1か月を目安にしてください。

79

さばの塩レモン焼き　消費期限 約3日

下味でさばの臭みを抑えつつ、レモンでさっぱりとしたあと味を演出。

材料と下準備（作りやすい分量）

さば（半身）…2枚
▶3〜4等分に切る。バットに酒大
さじ1と塩小さじ1/2を混ぜ、さば
を加え、途中で上下を返して20分
ほどおき、汁けをきる

レモン（国産・輪切り）…4〜5枚
サラダ油…大さじ1/2

1 フライパンにサラダ油を中火で熱
し、さばの皮目を下にして入れ、
5分ほど焼く。焼き色がついたら
上下を返し、レモンをのせて弱火
で5分ほど焼く。

Note

・皮目をしっかりと焼くことも、さばの臭
みを抑えるポイントです。
・冷凍保存もできます。その場合の賞
味期限は約1か月を目安にしてください。

ぶりの竜田揚げ 消費期限 約3日

しょうがを効かせた甘めの下味がぶりと好相性。時間がたってもおいしいおかずです。

材料と下準備(作りやすい分量)

ぶり(切り身)…4切れ
▶ひと口大に切り、しょうがの搾り汁
小さじ2、しょうゆ・みりん各大さじ2を
からめ、ときどき返しながら10分ほど
おく。ペーパータオルで汁けを拭き、
片栗粉適量を薄くまぶす

サラダ油…適量

1 フライパンにサラダ油を深さ1cmほ
ど入れて中火で熱し、ぶりをとき
どき返しながら、きつね色になる
まで3分ほど揚げ焼きにする。

Note

・保存するときは、ペーパータオルを敷
いた保存容器に立てるように入れてくだ
さい。
・冷凍保存もできます。その場合の賞
味期限は約1か月を目安にしてください。

味玉（ゆで卵）
→P87

ブロッコリーの
のり塩焼き
→P74

塩もみ大根と
豚肉の高菜炒め
→P70

ご飯

冬野菜弁当

地味な色の炒めものには、ブロッコリーや卵などの鮮やかなおかずで色味をたしましょう。弁当箱の大きさに合わせて、味玉はうずらのゆで卵にしてもOKです。

厚揚げの甘辛煮
→P92

かぶの皮と葉の
おかか
じょうゆ炒め
→P66

さばの
塩レモン焼き
→P80

ご飯

いりごま（黒）

さばの塩レモン焼き弁当

幅広い年代に喜んでもらえそうな和風弁当。塩レモン
味のさば、甘辛味の厚揚げの組み合わせでご飯がす
すみます。かぶの葉の緑色がアクセントに。

ぶりの竜田揚げ →P81

ぶりのうまみに日本酒のうまみを
かけ合わせて。燗酒にすると風味
とキレが増し、脂ののったぶりをよ
りおいしくいただけます。

春菊のくるみみそあえ →P79

燗酒のじんわりと広がる豊かな香
り、うまみとこくに、春菊のほろ苦
さとみその風味がマッチ。くるみ
の香ばしさも引き立ちます。

日本酒(燗酒)

燗酒とは温めた日本酒のこと。純米
酒や本醸造酒が向いています。香
りと味がより引き出され、冷やでは
味わえない、深みのある味が楽しめ
ます。温め方や温度はお好みで。

カリフラワーとベーコンの
パセリ炒め →P75

ベーコンのうまみとにんにくの風味
が加わり、淡白なカリフラワーでも
赤ワインにマッチ。気軽に作れる
ので家飲みにぴったりです。

焼き鳥風
→P72

しょうゆと赤ワインは実は好相性。
しょうゆの香ばしさを際立たせな
がら、バランスよく調和します。
照り焼きチキンなどもおすすめ。

赤ワイン

酸味と渋味、深みのある味わいが
特徴の赤ワイン。肉料理はもちろん、
炒めものや煮込み料理なども合わせ
やすいです。お酒もおかずもじっく
り楽しみましょう。

いつでも

しらすとあおさの卵焼き

消費期限 2〜3日

あおさのりの代わりに青のりでもおいしいです。

材料と下準備(2本分)

卵…4個　　　　　　　しょうゆ…小さじ1
しらす干し…40g　　サラダ油…適量
あおさのり…大さじ1
▶水で戻し、水けをよく絞る

1 ボウルに卵を溶きほぐし、しらす干し、あおさのり、しょうゆを加えて混ぜ、2等分にする。

2 1本ずつ焼く。卵焼き器を中火で熱し、サラダ油をペーパータオルにしみ込ませて塗り、1をお玉で軽く1杯分流し入れ、広げる。表面がほぼ固まったら、向こう側から手前に向かって折り返すように巻き、あいたところに同様に油を塗り、卵焼きを向こう側に寄せる。

3 さらに手前のあいたところにも同様に油を塗る。1をお玉で軽く1杯分流し入れて広げ、巻いた卵焼きの下にも流し、表面がほぼ固まったら、手前に向かって折り返すように巻く。これを卵液がなくなるまで繰り返す。残りの1も同様に作る。それぞれ粗熱がとれたら食べやすい大きさに切る。

Note

・冷凍保存もできます。その場合の賞味期限は約2週間を目安にしてください。

甘い卵焼き

消費期限 2〜3日

お弁当の定番！実は晩酌の箸休めにもちょうどいいんです。

材料と下準備(2本分)

卵…4個
A ┌ 砂糖…大さじ1と1/2
　└ しょうゆ…小さじ2
サラダ油…適量

1 ボウルに卵を溶きほぐし、Aを加えて混ぜ、2等分にする。

2 1本ずつ焼く。卵焼き器を中火で熱し、サラダ油をペーパータオルにしみ込ませて塗り、1をお玉で軽く1杯分流し入れ、広げる。表面がほぼ固まったら、向こう側から手前に向かって折り返すように巻き、あいたところに同様に油を塗り、卵焼きを向こう側に寄せる。

3 さらに手前のあいたところにも同様に油を塗る。1をお玉で軽く1杯分流し入れて広げ、巻いた卵焼きの下にも流し、表面がほぼ固まったら、手前に向かって折り返すように巻く。これを卵液がなくなるまで繰り返す。残りの1も同様に作る。それぞれ粗熱がとれたら食べやすい大きさに切る。

Note

・お弁当用はしっかりと火を通すように焼きましょう。
・冷凍保存もできます。その場合の賞味期限は約2週間を目安にしてください。

エスニック味玉 消費期限 約3日

ひとくせあるナンプラー風味の味玉。香菜を添えても。

材料と下準備（作りやすい分量）

ゆで卵…4個
うずらのゆで卵…6個
A ┌ 水…100mℓ
　└ 砂糖…小さじ1
B ┌ ナンプラー…大さじ1と1/2
　└ ごま油…小さじ1

1 鍋にAを入れて中火で熱し、ひと煮立ちさせる。火を止め、Bを加えてさっと混ぜ、そのまま冷ます。
2 ジッパーつき保存袋に1、ゆで卵、うずらのゆで卵を入れる。袋の空気を抜いて口を閉じ、冷蔵室でひと晩以上おく。

Note

・ゆで卵は、鍋にたっぷりの湯を沸かし、冷蔵室から出したての卵を入れ、弱めの中火で10分以上ゆでます。お弁当に入れる場合、傷みやすいので半熟は避けましょう。おつまみには半熟でも構いません。
・Bに赤唐辛子（小口切り）1/2〜1本分を入れても。

味玉 消費期限 約3日

麺や丼のトッピングにも最適！

材料と下準備（作りやすい分量）

ゆで卵…4個
うずらのゆで卵…6個
削り節…小1/2袋（3g）
A ┌ 水…大さじ4
　│ しょうゆ…大さじ3
　│ みりん…大さじ2
　└ 砂糖…大さじ1

1 鍋にAを入れて中火で熱し、ひと煮立ちさせて、さっと混ぜる。火を止めて削り節を加え、そのまま冷ます。
2 ジッパーつき保存袋に1、ゆで卵、うずらのゆで卵を入れる。袋の空気を抜いて口を閉じ、冷蔵室でひと晩以上おく。

Note

・うずらのゆで卵は市販品でOK。
・ゆで卵は、鍋にたっぷりの湯を沸かし、冷蔵室から出したての卵を入れ、弱めの中火で10分以上ゆでます。お弁当に入れる場合、傷みやすいので半熟は避けましょう。おつまみには半熟でも構いません。

和風ピクルス 消費期限 4〜5日

野菜は好みのもので構いません。とりあえず作っておけば安心！

材料と下準備（作りやすい分量）

にんじん…1/2本(75g)
▶厚さ5㎜の輪切りにする

カリフラワー…1/3株（正味100g）
▶小房に分けてから2〜4つ割りにする

みょうが…3本
▶縦半分に切る

きゅうり…1本
▶ひと口大の乱切りにする

赤唐辛子…1本
▶種を取る

昆布…3cm四方1枚

A ┌ 水…200㎖
  │ 酢…100㎖
  │ 砂糖…大さじ4
  └ 塩…小さじ1と1/2

1 鍋にたっぷりの湯を強めの中火で沸かし、にんじんとカリフラワーをいっしょに30秒ほどゆで、ざるに上げて水けをきる。

2 耐熱の保存容器に1、みょうが、きゅうりを入れる。

3 鍋にAを入れて中火で熱し、ひと煮立ちしたらさっと混ぜ、2に注ぐ。赤唐辛子と昆布を加え、表面を覆うようにラップをして冷ます。ラップを外し、ふたをして冷蔵室で3時間以上漬ける。

Note

・野菜はれんこん、ごぼう、かぶ、パプリカ、ミニトマト、セロリ、ゴーヤー、オクラなど、好みのものでOK。合わせて300gを目安にしてください。ただし、れんこんやごぼうのようにかたいものは、1と同様にさっと下ゆでしましょう。

・昆布の代わりにローリエと黒粒こしょうを入れると洋風な仕上がりになります。

・お弁当に入れるときは、汁けをよくきってください。カップなどに入れるのもよいでしょう。

野菜の焼き浸し 消費期限 約3日

季節の野菜を組み合わせて彩り豊かに仕上げましょう。

材料と下準備（作りやすい分量）

なす…2本
▶ひと口大の乱切りにする

かぼちゃ…1/8個（正味150〜200g）
▶種とわたを取り、厚さ5mmの食べやすい大きさに切る

パプリカ（赤）…1/2個
▶ひと口大に切る

しし唐辛子…5〜6本
▶へたの先を少し切り落とし、切り込みを小さく1本入れる

A ┌ だし汁…300mℓ
  │ しょうゆ…大さじ2と1/2
  └ みりん…大さじ2と1/2

サラダ油…大さじ2+大さじ1

1 鍋にAを入れて中火で熱し、ひと煮立ちしたら耐熱の保存容器に移す。

2 フライパンにサラダ油大さじ2を中火で熱し、なすを入れて全体に油をからめ、ときどき返しながら焼く。焼き色がつき、しんなりとしたら1に加える。

3 2のフライパンにサラダ油大さじ1をたして中火で熱し、かぼちゃ、パプリカ、しし唐辛子を並べ、ときどき返しながら焼く。焼き色がつき、火が通ったものから1に加える。冷めたら冷蔵室で3時間以上おく。

Note

・野菜はオクラ、ゴーヤー、ズッキーニ、グリーンアスパラガス、とうもろこし、長ねぎなど、好みのものでOK。きのこも合います。合わせて400gを目安にしてください。

・お弁当に入れるときは、汁けをよくきってください。カップなどに入れるのもよいでしょう。

野菜とベーコンのオイル蒸し 消費期限 約3日

どんな野菜でもベーコンのうまみがしっかりまとめておいしくしてくれます。

材料と下準備(作りやすい分量)

さつまいも…小1本(150g)
▶皮つきのまま厚さ8㎜の輪切りにし、たっぷりの水にさっとさらして水けをきる

れんこん…150g
▶厚さ8㎜の輪切りにし、たっぷりの水にさっとさらして水けをきる

ベーコン…3枚
▶長さ1㎝に切る

オリーブオイル…大さじ1
塩…小さじ1/4+少々
水…大さじ2
こしょう…適量

1 フライパンにオリーブオイルを中火で熱し、ベーコンをさっと炒め、さつまいもとれんこんを加えて炒め合わせる。

2 全体に油が回ったら塩小さじ1/4をふって水を回しかけ、ふたをして弱火にし、ときどき混ぜながら7〜8分蒸し焼きにする。全体に火が通ったらふたを取り、強めの中火にして水分を飛ばす。味をみて、塩少々で調え、こしょうをふる。

Note

・さつまいもとれんこんが大きい場合は半月切りにしてください。

・野菜は合わせて300gが目安。スナップえんどう、グリーンアスパラガス、きのこなどで作ってもおいしいです。火通りが近いものを組み合わせ、加熱時間は食材に合わせて調節してください。

・冷凍保存もできます。その場合の賞味期限は約1か月を目安にしてください。ただし、使用する野菜によっては冷凍できない場合もあります。

青菜のお浸し 消費期限 約3日

ほうれん草、水菜、菜の花、春菊などでも作れます。
お弁当に彩りが欲しいときに最適。

材料と下準備（作りやすい分量）

小松菜…1束（250g）
▶茎と葉に切り分け、それぞれ長さ
4cmに切る

A ┌ だし汁…200ml
  │ しょうゆ…小さじ1
  │ みりん…小さじ1
  └ 塩…小さじ1/2

1 保存容器にAを入れ、混ぜる。
2 鍋にたっぷりの湯を強めの中火で
  沸かして塩少々（分量外）を入れ、
  小松菜の茎を30秒ほどゆで、葉
  も加えてさらに20秒ほどゆでる。
  冷水に取って冷まし、水けをよく
  絞る。
3 1に2を加え、冷蔵室で3時間以
  上おく。

Note

・おつまみには、いただくときに削り節をの
せても合います。

厚揚げの甘辛煮 消費期限 約3日

豆腐と違って水分が出にくい厚揚げは作りおきに最適。
おいておくうちに味がしみてさらにおいしくなります。

材料と下準備（作りやすい分量）

絹厚揚げ…2枚（300g）
▶8等分に切る

A
- 水…50mℓ
- 酒…大さじ1
- しょうゆ…大さじ1
- みりん…大さじ1
- 砂糖…大さじ1/2

1 鍋にAを入れて中火で煮立て、厚揚げを加える。再び煮立ったら、ときどき返しながら弱めの中火で5分ほど煮る。

Note
・いただくときに七味唐辛子をふっても。

厚揚げの青じそベーコン巻き 消費期限 約3日

食べごたえのある厚揚げにベーコンのうまみをプラス。
青じその風味があと味をさわやかにしてくれます。

材料と下準備（作りやすい分量）

絹厚揚げ…2枚（300g）
▶8等分に切る

ベーコン…4枚
▶長さを半分に切り、さらに縦半分に切る

青じそ…8枚
▶縦半分に切る

サラダ油…小さじ1
塩、こしょう…各少々

1 厚揚げに青じそを巻き、さらにベーコンを巻く（a）。
2 フライパンにサラダ油を入れ、**1**の巻き終わりを下にして並べ、中火で熱して、両面を焼く。ベーコンに焼き色がついたら、塩、こしょうをふる。

a

Note
・厚揚げの切り口が広い面でベーコンが重なるように巻いてください。巻き終わりを下にして焼くことでベーコン同士がくっつきます。

厚揚げの甘辛煮

厚揚げの青じそベーコン巻き

鶏ひき肉のごまみそ焼き　消費期限 約3日

松風焼きを簡単に作れるようアレンジしました。もちろんおせち料理にしても。

材料と下準備（作りやすい分量）

A
- 鶏ももひき肉…400g
- 卵…1個
- 片栗粉…大さじ1
- 砂糖…大さじ1
- みそ…大さじ1
- しょうゆ…小さじ2
- みりん…小さじ2
▶ 粘りが出るまでよく練り混ぜる

いりごま（白）…適量

1　オーブンを180℃に予熱する。
2　オーブンの天板に30cm四方ほど
　　に切り出したアルミホイルを敷き、
　　中央にAをのせる。四角形になる
　　ようにアルミホイルの四辺を立ち
　　上げ、高さ3〜4cmのところで外
　　側に折り返す（a）。へらで表面を
　　ならし、いりごまをふる。
3　180℃のオーブンで25分ほど焼く。
　　冷めたらアルミホイルを外し、食
　　べやすい大きさに切る。

Note
・Aのたねをよく練り混ぜることがポイント。
粉山椒適量を加えてもおいしいです。
・アルミホイルの四隅はしっかりと押さえ、
形が崩れないようにしましょう。
・冷凍保存もできます。その場合の賞
味期限は約1か月を目安にしてください。

豚肉と豆苗のソースお焼き 消費期限 約3日

お好み焼きのような懐かしいおいしさ！ 子どもから大人までおいしくいただけます。

材料と下準備（作りやすい分量）

豚こま切れ肉…200g

卵…1個

豆苗…1パック
▶根元を切り落とし、長さ2cmに切る

長ねぎ…1/4本
▶小口切りにする

紅しょうが…20g
▶粗く刻む

A┌小麦粉…50g
 └ウスターソース…大さじ2

サラダ油…大さじ1+大さじ1

Note

・少しかための生地なので菜箸ですくって入れられます。

・冷凍保存もできます。その場合の賞味期限は約1か月を目安にしてください。

1 ボウルに卵を溶きほぐし、Aを加えて混ぜ、豚肉、豆苗、長ねぎ、紅しょうがを加えてよく混ぜる。

2 2回に分けて作る。フライパンにサラダ油大さじ1を弱めの中火で熱し、菜箸で1を大きめのひと口大ずつすくって入れ、円形にする。ふたを少しずらしてのせ、3〜4分蒸し焼きにする。焼き色がついたら上下を返し、同様に3〜4分蒸し焼きにする。残りも同様にする。

調理補助　沓澤佐紀
撮影　新居明子
スタイリング　駒井京子
デザイン　川崎洋子
文　佐藤友恵
校閲　安藤尚子　河野久美子
編集　小田真一

撮影協力　UTUWA

読者アンケートに
ご協力ください

この度はお買い上げいただきありが
とうございました。『お弁当にもおつ
まみにもなる作りおき』はいかがだっ
たでしょうか？ 右上のQRコードから
アンケートにお答えいただけると幸
いです。今後のより良い本作りに活
用させていただきます。所要時間は
5分ほどです。

＊このアンケートは編集作業の参
考にするもので、ほかの目的では使
用しません。詳しくは当社のプライバ
シーポリシー（https://www.shufu.
co.jp/privacy/）をご覧ください。

吉田 愛

料理家、唎酒師。料理家のアシスタントを
務めたのち、東京と京都の日本料理店で
板前として働き、研鑽を積む。独立後は料
理家として雑誌や書籍を中心に活動。和
食をベースとした、簡単でおいしい家庭料
理のレシピが好評を博し、活躍の場を広げ
ている。唎酒師の資格を持ち、日本酒への
造詣も深い。著書に『〝だし〟を使わなくても
おいしい煮もの』（主婦と生活社）、『温故
知新 和食つまみ』（成美堂出版）、『ひとり
分から作れる！ 2品献立でかんたん和食』
（グラフィック社）がある。

お弁当にも
おつまみにもなる
作りおき

著　者　吉田 愛
編集人　束田卓郎
発行人　殿塚郁夫
発行所　株式会社主婦と生活社
〒104-8357 東京都中央区京橋 3-5-7
［編集部］☎ 03-3563-5129
［販売部］☎ 03-3563-5121
［生産部］☎ 03-3563-5125
https://www.shufu.co.jp
jituyou_shufusei@mb.shufu.co.jp

製版所　東京カラーフォト・プロセス株式会社
印刷所　共同印刷株式会社
製本所　株式会社若林製本工場

ISBN978-4-391-16017-8

十分に気をつけながら造本していますが、落丁、乱丁本はお取り替えいたします。お買い
求めの書店か、小社生産部にお申し出ください。